隣国ロシアとの知られざる外交史

"強大国"は敵か味方か？

女帝エカテリーナから始まる
日露外交百年史に答えはあった

鈴木 荘一

方丈社

はじめに

二〇二四年六月、ロシアのサンクトペテルブルクで開催された国際経済フォーラムに際して開かれた会見で、プーチン大統領は日本の記者からの、

「北方領土問題を含む日本との平和条約締結交渉の進展についてどう考えていますか？」

という趣旨の質問に対して、顔色一つ変えず、

「日本は、ウクライナへの軍事支援を強化する欧米に歩調を合わせ、対ロ制裁を続け、ウクライナ支援も継続しているではないか。ロシアとして交渉再開は拒否しないが、日本がロシアの戦略的敗北を狙う呼びかけに同調している間は、平和条約を続ける条件が整っているとは思わない」

と答えたそうである。私はこの報道を知ったとき、

「アメリカの言いなりになっている日本は果たして独立国なのか。ロシアは独立国でないものとは一切の外交交渉はしない。ロシアは日本を敵視していない。むしろ日本がロシアを敵視しているのではないか」

と言われたように感じた。

日本人記者の質問は極めて日本人的であり、多くの日本人が共感するだろうし、プーチン大統領の主張は、またいかにもロシアらしい論理明晰な答えである。

このように、日本とロシアの間には、物事の認識において深い溝が横たわっているように思える。

日露関係の源流にさかのぼると、ロシアのピョートル大帝はオランダが対日貿易で莫大な利益を上げているのを知って日本との貿易を望み、五代将軍綱吉《つなよし》の一七〇二年（元禄十五年）に、モスクワの数学航海学学校内に開設された日本語学校に続き、一七〇五年（宝永二年）には、ペテルブルクにも日本語学校を設け、通訳の養成を始めた。

このときアメリカもドイツもまだ世界史上に登場していない。

こののち女帝エカテリーナ二世が十一代将軍家斉《いえなり》と首席老中松平定信《まつだいらさだのぶ》の寛政四年（一七九二年）に通商使節ラックスマンを日本へ派遣すると、定信は通商を覚悟しラックスマンに長崎入港を許す信牌《しんぱい》（入港許可証のこと）を与えた。

しかしエカテリーナ二世はフランス革命（一七八九年）後に台頭したナポレオン・ボナパルトのロシア侵攻を懸念しつつ一七九六年に六七歳で病死し、松平定信は将軍家斉《いえなり》の勘気《かんき》をこうむって寛政五年（一七九三年）七月に失脚したため、ここで一度日露のパイプは切れてしまった。

この約二〇年前、ハンガリー人ファン・ベンゴロ（日本では〝はんべんごろう〟と呼ばれた）は、ポーランドの対ロシア抵抗組織バール連盟に加わってロシアの捕虜となりカムチャツカへ流刑されたが、反乱を起こして現地のロシア司令官を殺したうえ、船を奪って脱出し、一七七一年（明和八年）七月頃に奄美《あまみ》大島に流れ着いた。その後、長崎のオランダ商館へ、

「ロシア帝国が、松前《まつまえ》付近を占領するために、千島《ちしま》列島に要塞を築いている」

というウソの内容の書簡を送ったのである。

書簡の内容は長崎の蘭学者を通じて口づてに広まり、これを知った仙台藩士林子平《はやししへい》は『海国兵談』を寛政三年（一七九一年）に刊行して、

「ロシアは日本侵略の意図を持っており、蝦夷地《えぞち》が蚕食《さんしょく》される危険がある」

とロシアの南下に危機感を抱き、世に警鐘を鳴らした。しかし〝はんべんごろう〟の主張は真っ赤なウソであるのだから、日露友好を模索していた首席老中松平定信の逆鱗に触れ、『海国兵談』は発禁処分となり、林子平は蟄居《ちっきょ》に処され、一年後に病死した。

為政者である幕府は、このあともロシアに対し中立的な立場を取っていた。

アメリカのペリー艦隊が嘉永六年（一八五三年）六月三日に浦賀《うらが》沖に至り開国を要求すると、幕府は嘉永七年（一八五四年）三月三日に日米和親条約を調印した。しかし、幕府は全方位外交を基本方針としていたから、ロシアのプチャーチン中将にも懇切に応接し、日露和親条約を同年十二月二十一日に下田《しもだ》の長楽寺《ちょうらくじ》で調印した。

このとき幕府高官の間では「日露同盟により無礼なアメリカと対峙しよう」との親露反米論が広まっていた。親露派として勘定奉行兼海防掛川路聖謨《かわじとしあきら》、仙台藩藩校養賢堂《ようけんどう》教授大槻磐渓《おおつきばんけい》、長崎奉行大澤豊後守《ぶんごのかみ》、勘定吟味役江川太郎左衛門英龍《えがわたろうざえもんひでたつ》、越前藩士橋本左内《はしもとさない》らがいならんでいるが、とりわけ橋本左内はオランダ語・英語・ドイツ語を解し、世界情勢に明るい英才で「ロシアの南下政策」と「イギリスの東進政策」の対立を視野に入れ、「日本はロシアと同盟してイギリスに対抗すべし」との日露同盟論を提言していた。

このように幕末期には日露友好が保たれていたのだが、そののち明治維新にいたる動乱期に、幕府の親露派高官は死罪、自決、病死、蟄居などにより舞台を去り、親露派の人脈は明治政府に受け継がれず、誰もいなくなった。

今日わが国で親露派と呼ばれ、親英米派から攻撃を受けている人々は、左翼というより〝全方位外交で日本の独立を守った聡明なる徳川幕府に郷愁を覚える知的グループ〟なのである。

そもそも、明治維新とは〝最凶国イギリス〟が日本を間接支配する目的で長州・薩摩を支援して幕府を転覆させたものであったから、日本外交の基本方針は幕府の全方位外交から、明治政府のイギリス一辺倒へ転換してしまった。さらに討幕運動を担った下級武士らの間で林子平の『海国兵談』が広く読まれるようになり、

「ロシアは日本侵略の意図を持っており、蝦夷地《えぞち》が侵略される危険がある」

という反ロシア活動家〝はんべんごろう〟の妄言が、明治期以降の日本の指導層の頭に染みついてしまった。これが、「おそロシア」の始まりである。

文明開化ということで新聞というものが登場したが、新聞はイギリスで発達したものであるから、当時の新聞にはイギリスがかった風味があった。

明治二十四年頃になると明治政府はイギリスへの傾斜を一段と強め、対ロシア外交を軽視するようになった。こうして強大な隣国ロシアとの外交チャンネルが細り、ロシアの本音が分からなくなると、日本人の間に「おそロシア」という恐露感情が蔓延した。そして日本人の間に深く沈着した「おそロシア」の感情を利用したのが、ロシアの最大の敵イギリスだった。

漠然とした不安の中で、親イギリス色の強い新聞各紙が恐露の論陣を張ると、日露友好を目的として明治二十四年（一八九一年）五月に来日したロシア皇太子ニコライ（のちのニ

コライ二世）を、警備中の巡査津田三蔵《つださんぞう》が斬りつける「大津《おおつ》事件」が起きた。

悪いことは重なるもので、明治三十三年（一九〇〇年）五月に北京で発生した義和団《ぎわだん》事変が満州へ波及する。義和団は東清《とうしん》鉄道を破壊し、手薄なロシア軍守備隊や逃げ遅れたロシア人鉄道員を惨殺するなど満州の治安が崩壊した。そこでロシアは騒乱鎮定のため満州掃討を決意し、総勢一七万人の大軍で同年八月から十月にかけて満州全域を完全占領した。全満州を占領したロシア陸軍がその後撤兵しないので、日本は、

「満州を占領したロシア軍はさらに南下し、朝鮮を兵站として日本に攻め込むだろう」

と強く恐怖したが、日露交渉は明治三十六年（一九〇三年）十二月に暗礁に乗り上げた。日露間の軍事的緊張が高まるなか、明治三十七年（一九〇四年）二月三日夕刻、旅順《りょじゅん》のロシア艦隊が全艦出港した。行先は不明だったが、日本海軍は大きな衝撃を受ける。

「ロシア艦隊は日本海軍への先制奇襲攻撃のため、佐世保《させぼ》へ向け出撃したのではないか？」

と危機感を強めたわが国は、急ぎ二月四日に御前会議を開いてロシアとの開戦を決定した。

しかし、ロシア旅順艦隊の出港は、実は秘密の夜間航海訓練であり、二月四日午前五時

には訓練を終えて大連湾《だいれん》へ入っていた。だが日本はロシア旅順艦隊が訓練を終えて大連湾に入ったことを知らない。日本海軍はロシア艦隊の幻影にただ怯《おび》えたわけである。日露戦争は、両国間の連絡を欠いたことにより生じた疑心暗鬼が呼んだ「偶発戦争」だったのである。

日露間の激戦が続くなか、旅順が開城した一七日後の明治三十八年（一九〇五年）一月、帝政ロシアの当時の首都サンクトペテルブルクで「血の日曜日事件」が起きた。さらに日本海海戦でバルチック艦隊が壊滅すると、同年六月、ロシア黒海艦隊に属する戦艦ポチョムキンの水兵が反乱を起こし、革命前夜となった。

また日露戦争（〜一九〇五年）に勝った日本に対して、アメリカが翌年の一九〇六年（明治三十九年）に「一九〇六年版オレンジ計画」を策定し、危機は日本にも迫ってきた。日露両国が親善友好を欠いたことから発生した偶発戦争によって、その後両国民がどれほど大きなコストを支払わされただろうか。

日本において、ロシア革命以降のソビエト連邦時代、とくに太平洋戦争末期からのロシア観はきわめてネガティブなものだろう。しかし、それ以外の見方はないのだろうか？日露関係は、今後確実に、極めて大きな変化の時期を迎えるだろう。

この強大な隣国を相手に、日本はどう向き合い、いかなる関係を築いていけばいいのか。その答えは、聡明なる女帝エカテリーナの対日外交から始まる百年史のなかに、実はほとんど秘められているのだと私は考えている。

令和七年一月

鈴木《すずき》荘一《そういち》

デザイン　八田さつき
ＤＴＰ　山口良二

目次

第二章　迫りくる開国と英米の傲慢

1　日露和親条約——ペリーに出し抜かれたプチャーチン海軍中将

2 ロシアの野望・運命のシベリア鉄道計画

3 謀略の国・イギリスに暗示された大津《おおつ》事件

第三章　戦争の世紀へ――恐れられ、孤立していく日本

3 起きないはずだった日露戦争

4　革命のロシアとアメリカの日本征服計画《オレンジ》

序

なぜ、日本は鎖国政策を始めたのか？

島原の乱を機に生じたポルトガルへの恐怖

天下布武を目指した織田信長は鉄砲・火薬を輸入するためポルトガル商人の貿易とイエズス会宣教師の布教を許したが、信長が死去したあと天下人となった豊臣秀吉は、ポルトガル商人が日本人五万余人を奴隷としてインド、アフリカ、メキシコ、ペルー、アルゼンチンなど全世界へ売り飛ばしイエズス会宣教師も一枚嚙《か》んでいることを知って布教を禁じた。とはいうものの南蛮貿易の利益が大きかったから、秀吉のキリスト教禁止は不徹底だった。

徳川家康が大坂の陣で豊臣家を滅ぼしたとき、宣教師らは豊臣秀頼《ひでより》に味方して大坂城に入りキリシタン武士一万余人を鼓舞したが大坂城は落城し、宣教師らは日本を去った。

二代将軍秀忠《ひでただ》はスペイン宣教師が再入国してキリシタンの反乱を指導することを恐れ、元和《げんな》二年（一六一六年）にスペインとの交易を打ち切った。秀忠はイギリスを排除したわけではないのだが、イギリス人は商売が下手で対日貿易で利益が上がらず、対インド貿易に専念するため元和九年（一六二三年）に平戸《ひらど》の商館を閉じて、自ら日本を去った。

さて、三代将軍家光《いえみつ》の寛永十四年（一六三七年）十月二十五日に島原《しまばら》の乱が勃発した。

天草四郎（著者撮影）

天草《あまくさ》はかつてキリシタン大名小西行長《ゆきなが》の領地だったからキリシタンが領内に強く根を張り、小西氏旧臣で帰農したキリシタンの地侍・国人衆《こくじんしゅう》らが十六歳の少年天草四郎《しろう》を首領として原城《はら》にこもり、一揆を指揮したのである。一揆勢は、

「われらが先駆けとなって戦えば、国内に六十余万人いたはずのキリシタンが発奮して全国各地で蜂起するだろう。そうなればポルトガルが援軍を差し向けるだろう」

と期待し、日本各地に使者を派遣して檄を飛ばすとともに、

「一揆勢一万余人でポルトガル商館のある長崎へ進撃し、ポルトガル軍を迎え入れよう」

とした。こうした戦術は大名級の戦闘の

プロの技であって、百姓一揆などとはわけが違う。一揆勢を指揮した彼ら小西氏旧臣は腕に覚えのある戦争のプロだったのである。

一揆勢の戦意が高く戦闘の技量も優れていたから、幕府は鎮圧に苦労し、膨大な犠牲を払って寛永十五年（一六三八年）二月二十八日に総攻撃を行い、原城は陥落した。天草四郎は討ち取られ、籠城した一揆勢の老若男女三万余人は皆殺しとなった。乱鎮定後、天草四郎の首級《くび》は長崎・出島のポルトガル商館の前に晒《さら》された。これは、

「ポルトガル人よ、よく見ろ。これがお前たちの援軍を期待した者どもの末路だ」

との含意だったであろう。

ポルトガルを国外追放して鎖国が完成

ポルトガル商人は島原の乱（〜寛永十五年二月）が終わったあとも、しばらくは長崎の出《で》島《じま》で交易を許されていた。

しかしオランダ商館長クーケバッケルは対日貿易を独占するため、ポルトガル商人の排除に力を注ぎ、幕府が島原の乱の鎮圧に苦しみキリスト教を強く恐れるようになったのを見て、寛永十六年（一六三九年）五月、幕府に、

「ポルトガル船を貿易禁止にすべきである」

と勧奨した。もちろん将軍家光も、島原の乱について、「ポルトガル船で密入国した宣教師が裏で一揆勢を煽《あお》ったのだ。ポルトガル船による宣教師の密入国が後を絶たないのは問題だ。キリスト教は徳川政権を揺るがす元凶である」と考えていたから、オランダ商館長クーケバッケルの勧奨を受容し、寛永十六年（一六三九年）七月五日にポルトガル船の来航を禁止して、鎖国を完成させた。

日本市場の独占を目指したオランダ

オランダは建国以来、商圏を確保するために世界各地でスペイン、ポルトガルと海上戦闘を交えたが、東アジアにおいても例外ではなく、東インド会社を設立（一六〇二年）してからは、ゴア、マラッカ、マカオの間を行き交うポルトガル船団の攻撃や拿捕《だほ》に全力を注いだ。オランダが寛永六年（一六二九年）から寛永十二年（一六三五年）までの六年間に東アジア海上で捕獲・撃沈したポルトガル船は百五十余隻にのぼっている。さらにオランダは艦隊をルソン近海に出動させ、メキシコから銀を満載してマニラへ向かうスペイン船の攻撃・拿捕に努めた。

このようにオランダは、東アジア貿易を独占するためポルトガルとスペインを排撃した。

オランダは寛永十八年（一六四一年）頃以降、日本に渡航するオランダ船内にある個人用の聖書等キリスト教関係物を船内の箱に密封するか海中に投棄して幕府役人の目に留まらぬよう細心の注意を払ったうえ、オランダ東インド総督ディーメンが寛永十九年(一六四二年)六月二十九日に幕府に長文の書状を提出し、

「先の大坂城落城の際も、今度の天草の乱(島原の乱のこと)のときも、オランダ人は譜代の衆と同様に軍艦まで出動し、身命を投げ打って御奉公申し上げました。スペイン・ポルトガルはローマ教皇の命令により、第三国(イギリスを中傷している)を通じて日本に残存するキリシタンを激励しています。ですから今後は異国の船を一切日本に入れぬようすることが宜しいと存じます」

と主張して徳川家への軍功をアピールするとともにオランダ以外の外国船の来航禁止を固定化するよう働きかけ、対日貿易の独占に一段と力を注いだのである。

その二〇年後の寛文二年(一六六二年)にイギリス国王チャールス二世がポルトガル王女カタリーナと結婚すると、オランダ商館長フォルヘルは幕府大目付北条氏長《うじなが》に対し、

「イギリスは、旧教国のポルトガルと親しいキリスト教国である」

と、あたかもイギリスが布教に熱心な旧教国であるかのように讒訴《ざんそ》して、幕府がイギリスを嫌悪するよう仕向けた。だから延宝元年(一六七三年)に対日貿易再開を望んだイギリ

スが長崎にリターン号を送って対日通商再開の希望を述べた際にも、オランダは、「イギリスの真の来日目的は貿易でなく、キリスト教の布教である」かのごとく讒訴して、イギリスの対日貿易再開を妨害し、イギリス船の排撃に成功した。オランダはあらゆる手段を駆使して、日本市場の独占に全力を尽くしていたのである。

第一章

日露外交の夜明け

1

鎖国日本の扉を最初にノックしたロシア

女帝エカテリーナ二世の驚くべき慧眼《けいがん》

江戸中期に入った日本は、ロシアからの通商希望に直面した。

実はロシアは、欧米列国のなかで、最初に日本との通商を希望した国である。日本との和親通商を図るため、ピョートル大帝がモスクワに最初の日本語学校を開いたのは一七〇二年（元禄十五年）。それに続き、サンクトペテルブルク（後のレニングラード）でも日本語学校を開設して通訳の養成を始めたのは、前述のとおり一七〇五年のことだった。日本では第五代将軍綱吉《つなよし》の宝永二年である。

このとき、アメリカもドイツも世界史上に登場していない。ピョートル大帝はオランダが対日貿易で多大な利益を上げているのを知って、日本との貿易を望んだのだ。

そののちロシア人は、第八代将軍吉宗《よしむね》の享保十五年（一七三〇年）頃、カムチャツカからアラスカに達して「森林の宝石」と呼ばれる黒貂《くろてん》やラッコなど毛皮獣の捕獲に従事するようになり、北太平洋でアメリカ、イギリス、スペインと火花を散らすようになった。といってもこの頃、アメリカはまだイギリスの植民地で、アメリカという国はなかった。黒貂やラッコなどの高級毛皮は、寒さの厳しいヨーロッパの貴婦人達に高値で販売されたから、毛皮はヨーロッパへのロシアの主要輸出産品だったのである。

かかるなか、ロシアの女帝エカテリーナ二世は、第十一代将軍家斉《いえなり》と首席老中松平定信《さだのぶ》の寛政四年（一七九二年）、シベリア総督ピールを通じて、通商を求める使節ラックスマンに日本人漂流民大黒屋光太夫《だいこくやこうだゆう》らを伴わせて日本へ派遣した。このときエカテリーナ二世はピールに、

女帝エカテリーナ二世

「かつて日本は征服欲にかられたポルトガル人のキリスト教布教に恐怖を抱いて鎖国体制に入ったが、オランダ人が布教をせず穏健な態度で商売に専念したので、最近は欧米人に対する警戒心も一時よりは低下したようだ。ロシアの太平洋政策では、とかく下層民のなかでもあぶれ者や粗野で手の付けられない乱暴者が多いので、日本人など外

国人に悪い印象を与えている。だから対日使節には人物識見とも第一級の人物を選ぶこと。なお日本人はキリスト教の布教に恐怖を抱いて鎖国体制に入ったのだから、トラブルの種とせぬため、日本人漂流民のうちキリスト教に入信した二名の者は今回は送還しない」

と指示した。女帝エカテリーナ二世はまことに聡明であって、

「幕府が鎖国に踏み切ったのは、ポルトガルがキリスト教布教を通じて幕府を転覆させようとしたため起きた島原の乱に恐怖したことが原因である」

という内情を精確に理解していたのである。これは慧眼というほかない。

この寛政四年(一七九二年)は、アメリカは初代大統領ワシントンの治世四年目で、対外進出する力はとてもなかった。

松平定信の「寛政の改革」は、内政のみならず国防を意識したものだった

女帝エカテリーナ二世が通商使節ラックスマンを日本へ派遣するより五年前に、いったん話を戻そう。

このころ「天明の大飢饉」が猛威をふるっていた。天明六年(一七八六年)の全国の収穫は平年の三分の一となって全国各地で百姓一揆が頻発し、江戸では天明七年五月二十日か

ら「打ちこわし」が始まり、多くの米屋や富商が襲われ、幕府に衝撃を与えた。

そんな中、天明七年（一七八七年）四月に徳川家斉が第十一代将軍となり、白河《しらかわ》藩主の松平定信が同年六月に首席老中に抜擢された。

松平定信は老中に就任するとただちに、

「天明三年から凶作が続いて民衆が困窮していたうえ、今年も飢饉になり米が足らず、世情が不穏になった。こののち飢饉がさらに悪化すれば人心はいっそう不穏になり、外国がそれに乗じて松前、長崎、対馬あたりで事を起こしかねない」

と述べて、天明七年（一七八七年）から「寛政の改革」に取り組んだ。

首席老中松平定信（自画像）

ここで最も重要なことは、

「飢饉により人心が不穏になれば、列強が松前、長崎、対馬あたりで事を起こしかねない」

という認識を持っていたということである。前述のとおり、根室には寛政四年（一七九二年）にロシア使節ラックスマンが訪れ、後には長崎に文化元年（一八〇四年）にロシア使節レザノフが訪れて悶着《もんちゃく》が生じ、文化五年（一八〇八年）にはイギリスの軍艦「フェートン号」が長崎湾へ強行侵入して長崎奉行松平康英《やすひで》が自刃する「フェートン号事件」が起きる。定信は天明年間に、こういう近未来を予測したのである。

こうした西欧列強の外患を未然に防ぐには、国内の態勢を安定させておかねばならない。「寛政の改革」の真の目的は、西欧列強の侵略を防ぐため、内実を整えることだったのだ。

首席老中松平定信は飢饉による百姓一揆や打ちこわしの再発を防止するため、従来からの「百姓は生かさぬよう、殺さぬよう」という農民収奪政策から農村保護政策へ大転換した。そして天候不順に耐えて農業生産高を維持するため、小規模自作農を再建して耕地面積を回復し、離村農民を農村へ戻して農業人口を確保し、荒廃した農村を復興させることを目指した。

そこで農業人口を確保するため農民の他国への出稼ぎを禁止する「他国出稼禁止令」を下し、寛政二年（一七九〇年）には離村農民を農村へ戻すべく「旧里帰農令《きゅうりきのうれい》」を下して希望する離村農民に帰郷の資金を与え帰農を促した。

また定信は困窮する旗本・御家人を救済するため寛政元年（一七八九年）に「棄捐令《きえんれい》」を下し、札差《ふださし》（高利貸しのこと）に対して六年以上前の債権を破棄させ、それ以降の借金には利子の引き下げを命じた。西欧列強が攻めてきたとき生命をかけて国を守る武士団が貧窮に喘いでいたのでは国防に穴が開くからである。

さらに飢饉に備えるため社倉・義倉・常平倉（三倉という）を築いて米穀を備蓄させた。防火（手桶・水桶・火の見やぐらなどの整備）、上下水道（上水樋・枡・下水道の保全）、祭礼、治安（木戸番の費用）・普請（橋などの修繕費用）など町の運営に必要な町費を節約させて七割を積み立てさせる「七分積金《しちぶつみきん》」を命じ、浅草に設立した江戸町会所に米などをたくわえて飢饉、災害などの際に放出し、困窮民の救済に充《あ》てさせた。

また江戸石川島《いしかわじま》に「人足寄場《にんそくよせば》」を設置し、犯罪予備群となりそうな無宿人や浮浪者を事前に収容して大工、左官、髪結、縄細工、草履製造、紙漉《す》き、屋根修理業、竹傘作りなど職業訓練を行い、悪の道に走らないようにした。


白河藩主から首席老中になった松平定信は、白河藩の藩政を切り盛りしたことが「寛政の改革」を成功させる地力となった。定信は白河藩主になったとき、

「白河藩は北方鎮護の任務を担っている。外様大名の反乱に備えるのは当然だが、欧米列強が民衆蜂起に乗じて日本を攻め込んできたら困る。例えばロシアが奥羽《おうう》地方を分捕るため、飢饉に苦しむ奥羽農民を使嗾《しそう》して内乱を起こさせたうえ武力侵攻してきたら危険だ」

と考え、白河藩の藩政改革を行った。定信の寛政の改革は、白河藩の運営を通じて、

「飢饉が悪化すれば欧米列強が松前、長崎、対馬あたりで事を起こしかねない」と感得し、国防と内政を一体のものと考え、西欧列強に侵略されぬよう民生を安定させて日本の独立を守ることを目指したのである。

前述のとおり寛永十四年（一六三七年）に飢餓に苦しむ島原のキリシタン農民がポルトガル軍の来援を期待して「島原の乱」を起こしたように、定信は飢餓農民が海外列強を手引きして島原の乱のような内乱が再発することを警戒したのである。

白河藩は奥羽地方の要《かなめ》であるから、もしロシア軍が松前あたりへ攻め寄せてきたら、出兵しなければならない。だから松平定信は、

「ロシアが和《わ》を望んでいるのか、戦《いくさ》を準備しているのか」

に重大な関心を寄せていたのである。この判断を間違えたら最悪だ。

根室《ねむろ》に来航したロシア使節ラックスマンに対する定信の処遇

エカテリーナ二世が送ったロシア使節ラックスマン陸軍中尉は、松平定信が「寛政の改革」に取り組んでいるさなかの寛政四年（一七九二年）九月三日に二本マストのエカテリーナ号で根室へ来航し、根室の運上屋《うんじょうや》（管理事務所のこと）に駐在していた松前藩士熊谷富太郎《くまがいとみたろう》に、「江戸へ出向いて漂流民を引き渡し、通商交渉を行いたい。海が荒れる季節になっ

てきたので、ここで越冬したい」と述べた。熊谷富太郎はただちに松前藩に、

「ラックスマンの意向は、江戸へ出向いて漂流民を引き渡し、通商交渉を行うこと」

と報告。このことは速やかに首席老中松平定信に伝えられた。このとき定信は、

「漂流民は受け取る。通商を希望するロシアの国書は、このたびは受領しない。江戸には来航させない。もしどうしても通商を望むなら、長崎へ回航させる。なおロシア使節を丁寧に処遇する」

との方針を定め、松前藩には、

「宣諭《せんゆ》使（懇切丁寧に交渉する役目）を派遣して松前で引見する。江戸から沙汰があるまで、ロシア人が出帆しないよう取り計らうこと。失礼のないよう応対せよ」

と命じ、目付の石川忠房《ただふさ》を宣諭使として松前へ派遣した。さらに定信の家来で幕府勘定方・田辺安蔵《やすぞう》を根室へ送ってラックスマンの応接に当たらせた。

ロシア使節ラックスマン中尉

北海道では冬が近づいたため、松前藩はラックスマンが冬営する建物を建設することとし松

前藩士近藤吉左衛門、米田右衛門、鈴木熊蔵を根室へ派遣して、ともに一冬を過ごすこととなった。ロシア人はサウナを建てたり、氷結した港内でスケートを披露したりした。

田辺安蔵は勤勉忠実な幕吏で、年が明けて露暦一七九三年（寛政五年）一月十日に根室に至ってラックスマンと面会しロシアの面積、風俗・習慣、工場技術などを聞き，ラックスマンの船の模型を作り、船具修繕用の旋盤を模写し、ロシア語を習って『魯西亜語類《ロシアごるい》』という簡易な日露辞書を作って定信に提出する。

春が来て海の氷が解けるとラックスマン一行は根室を発ち、船と陸路で六月二十日に松前へ到着した。松前でラックスマンと面会した宣諭使石川忠房は、寛政五年（一七九三年）六月二十七日、大黒屋光太夫らを引き取ったうえ、

「わが国は鎖国をしているから、開国を要求するロシア国書を受理することはできない。江戸へ行くことは厳禁であり、もし貴殿らが江戸へ行くなら打ち払われるであろう。どうしても貿易の希望があり『ロシア国書を受理してほしい』というのなら、外交の専門官を配置している長崎へ行くべし。長崎にはオランダ船以外の西洋の船は入港できない決まりだが、貴殿らのため特別に信牌《しんぱい》（長崎への入港許可証のこと）を与える。これを持っていけば、長崎に入港できるし、貴殿らは希望を申し述べることができる」

と伝えて、ラックスマンに信牌を交付した。

信牌
長崎通商照票

信牌の一例（京都大学付置研究所・センター）

定信はラックスマンへの対応方針を、

「西洋の書物によれば『露西亜《ロシア》は世界に比類ない強大国で、しかも正当な理由のない戦争はしない国だ』とのことである。今回は漂流民の送還という正当な名分がある。だからわが国としては強圧的・暴力的でなく礼儀にかなった対応をし、『ダメだダメだ』というのではなく、ロシアが日本を攻撃する名分を与えないよう留意することが肝要である。『わが国にはこういう国法があるからロシアとの交際はここまでが限界である』ということを理解させることが重要だ。わが国の国法は長崎への来航はオランダ・清国にしか許していないから通常なら入港できないが、ロシアには特別に長崎入港の信牌を与える」

と決めた。このことについて定信は『露西亜人取扱手留《てどめ》』という記録に、

「漂流民は受け取る。ロシア使節に対して『江戸への来航は禁止しているので江戸に来るなら断固として打ち払うが、長崎に来るなら外交交渉に応じる』と述べて長崎入港の信牌を与える。ロシア使節ラックスマンが長崎へ来たなら『貿易地を長崎にするか、蝦夷地《えぞち》に

するか。物々交換にするか、どうするか』などの交渉を、時間をかけてゆるゆる行う」との消極的小規模限定貿易を選択したことを記した。定信は、

「ロシアに対して開国せざるを得ない」

と考えており、御三家の尾張藩徳川宗睦《むねちか》と水戸藩徳川治保《はるもり》への寛政四年十二月二十日付書簡で、

「ロシアは事のほか国々を併呑《へいどん》、蚕食《さんしょく》も仕り、戦争に馴《な》れまかりおりそうらえば、この節、手強にすぎそうらわば（とても強いので）、準備もなくロシアに立ち向かっても、武を汚《けが》し候（負けるだろう）。礼と法をもって防げば恐れることはない」

と書き送り、もしラックスマンが長崎に来たら消極的で小規模な貿易をするしかない、との判断を伝えたのである。

同時に松平定信は蝦夷地と江戸の防備という海防《かいぼう》の重要性を認識し、この寛政四年に「海防掛《がかり》」を設置して自身が就任した。定信がとくに江戸湾防備を痛感したのは、ラックスマンが「江戸へ行きたい」と言ったからである。定信は自著『宇下人言《うげのひとごと》』で、

「江戸入海の事（ラックスマンの江戸へ行きたいという希望）なり。海より乗り入れば、（江戸の）永代橋《えいたい》まで外国の船とて入りくるべし。咽喉を経ずして腹中に入るというべし」

と述べている。

一方、ラックスマンは日記に、

「幕府勘定方役人・田辺安蔵が露暦一七九三年（寛政五年）一月十一日に『オランダ人は通商の独占を失うのを恐れて日本がロシアと通商するのを妨げようとし、ロシア人を野蛮人であると盛んに宣伝していた。しかしこのたびロシア人は日本漂流民を送還し友好的な態度だったので、そのような誤解は解けた。やがて江戸から好意的な訓令が来て、ロシアとの通商は許可されるだろう』と語った」

と記している。定信が消極的小規模限定貿易を模索していることを理解したのである。ラックスマンは宣諭使・石川忠房の理路整然とした宣諭を受けたうえ信牌を与えられ、幕府勘定方・田辺安蔵から楽観的な感想を聞くと、

「自分に与えられた役目を果たした」

と判断して六月三十日に松前を去り、長崎へ寄らずまっすぐオホーツクへ帰港した。

シベリア総督ピールはラックスマンが信牌を持ち帰ったことを喜び、エカテリーナ二世に、

「日本人がわが航海に示した親切と尊敬から見て、こののち日本政府が開国の意思を変えることはなく、外交問題を専門に扱う役人がいる長崎において、日露間の友好・通商問題

を取り決めることを決意していることは明らかである。日本政府が信牌を交付したのだから、直ちに日本へ佐官級以上の正式な使節を送れば交易が開かれるだろう。対日貿易の独占を目指すオランダの妨害が予想されるが、鯨油、獣油、塩魚などロシア産品はオランダが提供する貿易商品より魅力的なはずだ。日本から米、麦、織物などを輸入できれば、シベリアにとって最大の課題であるアラスカ開発に極めて有益である」

と上申した。

すなわちシベリア総督にとっては「アラスカ開発」が最大の課題だったのであり、そのため日本から米、麦など食料、織物、ロウソクなど日用品を輸入したかったのである。

しかしピールの上申は顧みられなかった。

エカテリーナ二世はフランス革命（一七八九年）に脅威を感じ警戒していたが、そののち台頭した軍人ナポレオンが一七九七年十月にオーストリアを降伏させ、フランスはイタリア北部に広大な領土を獲得する。この間、エカテリーナ二世はナポレオンの台頭を懸念しつつ、一七九六年十一月に六七歳で病死したからである。一方、日本側では、松平定信は将軍家斉の勘気をこうむって寛政五年（一七九三年）七月に失脚してしまう。

この結果、ラックスマンへの約束は反故《ほご》になってしまうのだ。

「おそロシア」という幻想は、どこで生まれたか？

ハンガリー人ベニョヴスキーは、オランダ語読みでファン・ベンゴロ、日本では〝はんべんごろう〟と呼ばれた。

ベニョヴスキーはポーランドの対ロシア抵抗組織バール連盟に加わってロシアの捕虜となり、カムチャツカ半島へ流刑されたが、反乱を起こして現地のロシア司令官ニーロフを殺し、船を奪って一七七一年（明和八年）五月にカムチャツカを脱出。食糧を求めて千島列島を南下し、七月に阿波《あわ》国徳島の日和佐《ひわさ》（今の徳島県美波町《みなみ》）に来航して水・食料の提供を受け、さらに奄美大島に流れ着いて上陸し、長崎のオランダ商館へ書簡を送った。

この書簡は幕府に届けられた。その内容は、

「ロシア帝国が、松前付近を占領するために、千島列島に要塞を築いている」

というものである。この内容はウソである。もともとベニョヴスキーは反ロシア活動家だったから、彼の書簡にはロシアの暴虐と侵略性を強調する偏りがあった。こんな流言飛語が日本国内に流布したら日露外交は破綻する。だから幕府は書簡を秘匿した。

しかし、この書簡の内容は長崎の蘭学者を通じて口づてに広まり、これを知った林子平《はやししへい》が『海国兵談』を刊行して世に警鐘を鳴らし、これにより林子平は不幸に見舞われる。

〃はんべんごろう〃ことベニョヴスキーは台湾に寄港したあとマカオへ向かい、マカオでフランス船に乗り、一七七二年（明和九年）三月にフランスへ戻る。

仙台藩士林子平は兄友諒《ゆうりょう》の部屋住みで妻子はなく、北は松前から南は長崎まで全国を行脚して大槻玄沢《げんたく》、宇田川玄《げん》随《ずい》、桂川甫周《ほしゅう》、工藤平助《へいすけ》ら蘭学者と交友した。このとき林子平は〃はんべんごろう〃の書簡を知って、ロシアの南下に危機感を抱き、

「ロシアは日本侵略の意図を持っており、蝦夷地が蚕食される危険がある」

と考え、『海国兵談』全十六巻の大著を著しロシアの脅威を説いた。『海国兵談』は、

「わが日本は海に囲まれた島国すなわち海国であるから、外国勢力を撃退するため、近代的な海軍と沿岸砲台の建設が必要である。とくに江戸が海上から直接攻撃を受ける懸念があるから、江戸湾口に有力諸侯を配置すべきである」

と論じ海防の充実を唱えた。この主張を林子平は『海国兵談』の冒頭で、

林子平（大槻盤渓による肖像）

「江戸の日本橋より阿蘭陀《オランダ》まで境なしの水路なり。然るに是に備えずして長崎のみ備えるは何ぞや」

と記して人々を驚かせた。これに触発された幕府はこののち江戸湾の海防に取り組む。林子平は自ら『海国兵談』の版木を彫り、寛政三年（一七九一年）に仙台で自費出版として刊行した。しかし、

「ロシアは日本侵略の意図を持っており、蝦夷地が蚕食される危険がある」

という〝はんべんごろう〟の主張はウソであるのだから、日露友好を模索していた首席老中松平定信の逆鱗にふれ、『海国兵談』は発禁処分となった。版木は没収され、林子平は蟄居に処された。林子平は蟄居中、その心境を、

「親も無し　妻無し子無し　版木無し　金も無けれど　死にたくも無し」

と嘆いて六無斎《ろくむさい》と号し、二年後の寛政五年（一七九三年）六月に死んだ。

こののち幕府は、海防の必要性が常識になった幕末の安政三年（一八五六年）に『海国兵談』の再刊を許した。『海国兵談』は広く読まれるようになり、

「強力な海軍を建設するため経済力を強化すべし」

と唱えた林子平の富国強兵論は、明治政府に強い影響を及ぼすことになる。同時に、

「ロシアは日本侵略の意図を持っており、蝦夷地が侵略される危険がある」

という反ロシア活動家〝はんべんごろう〟が主張した妄言は、明治期以降の日本の指導層の頭に染みついてしまうのである。これが「おそロシア」の始まりである。

松前藩の蝦夷《えぞ》統治

ロシアと日本の紛議の場となるのは蝦夷地（いまの北海道）と千島列島と樺太《からふと》である。その最前線に位置する松前藩（外様。一万石格）は、軍事力が脆弱だった。

松前藩は室町時代に今の松前・函館付近に地歩を築いた豪族だったが、初代藩主松前慶《よし》広《ひろ》が豊臣秀吉に天正十八年（一五九〇年）十二月二十九日に臣従し、蝦夷地の支配権を認められた。そこで松前慶広は、アイヌの酋長らを集めて、

「自分が蝦夷の支配者である」

と宣言した。翌天正十九年（一五九一年）五月に九戸《くのへ》城主（岩手県二戸《にのへ》市にあった）の九戸政実《まさざね》が豊臣政権に反乱を起こし、豊臣秀次《ひでつぐ》を総大将とする豊臣軍が一揆を鎮圧したとき、松前慶広はアイヌ兵を率いて豊臣軍に参加し、アイヌ兵の毒矢で一揆勢を多数射殺《いころ》して注目された。

松前慶広は豊臣政権の一部将に過ぎなかった徳川家康とも抜け目なく誼《よしみ》を通じ、家康が天下を取ると慶長九年（一六〇四年）に家康から黒印状（貿易許可証のこと）を得てアイヌ民

蝦夷地の地図

との交易を認められ、松前藩はアイヌ民と鷹羽《たかのは》・熊皮など希少特産の交易をおこなった。松前藩の『新羅之記録』は、元和年間（一六一五年〜一六二四年）にメナシ（現在の北海道目梨《めなし》郡羅臼《らうす》町、標津《しべつ》町付近）のアイヌ民が鷲羽やラッコの毛皮などを百隻近い舟に積んで献上し松前藩主にお目見えしたと記録している。

三代将軍家光が正保《しょうほう》元年（一六四四年）に『正保御国絵図』を作成したとき松前藩が提出した自藩領には国後《くなしり》島、択捉《えとろふ》島、得撫《うるっぷ》島など三十九の島々が描かれていた。

松前藩は第四代将軍家綱の寛文九年（一六六九年）に「シャクシャインの戦い」に勝って、蝦夷地のアイヌ民に対する統治を確立した。アイヌ民はいくつもの部族に分かれて部族間に軋轢《あつれき》があったが、これが昂《こう》じて抗争となり、松前藩に仲裁を願い出たのがシャクシャインの戦いの発端となった。日高地方の静内《しずない》川では酋長オニビシが上流を、酋長カモクタインが下流を支配し各々鮭《さけ》を捕獲していたが、下流の酋長カモクタインが河口で鮭を大量に捕獲してしまったので、鮭は上流に遡上《そじょう》してこなくなった。

そもそもアイヌ民は河川や海辺など水辺に住み丸木船で水上を移動する交易の民で、鮭を捕獲すると干鮭にして物々交換により米などを得ていた。遡上する鮭は河口付近では脂肪がたっぷり乗っているが、河川を遡上する間、体力を消耗して脂肪が落ち、痩せる。塩は貴重品で手に入らない。脂肪が乗った鮭は干しても傷みやすく、一方、川を遡上して痩せた鮭は干せば保存が効いた。

だからアイヌ民は川の上流で鮭を捕獲することを常道とした。

しかるに下流の酋長カモクタインが河口で鮭を大量に捕獲してしまったから、激怒した上流の酋長オニビシは下流の酋長カモクタインを殺した。するとカモクタインの後を継いだ新酋長シャクシャインは復讐のためオニビシを殺した。

そもそも松前藩はアイヌ民の各酋長らに、

「それぞれ自分の漁場を守り、他人の漁場を犯さぬよう」

求めていたし、アイヌ民の常道は上流で鮭を捕獲することだったから、殺されたオニビシの残党は、松前藩に、
「われらの漁場を犯したシャクシャインを罰し、上流の漁業権を確保してほしい」
と願い出た。しかし新酋長シャクシャインは強猛な男だったから、松前藩の仲裁に従わず、西へ進んで新冠《にいかっぷ》川沿いのアイヌ民を征服し、さらに紗流《さる》川沿いのアイヌ民を傘下に収めて約二〇〇〇人の勢力に膨れ上がり、和人約三〇〇人（鷹の捕獲のため来ていた鷹匠や船頭ら）を殺し、国縫《くんぬい》（今は長万部《おしゃまんべ》町字国縫）に至った。だが、ここに防御線を敷いていた松前藩兵約一〇〇人と戦ってシャクシャイン軍は大敗し、約二〇〇〇人のアイヌ民は雲散霧消して逃散した。

もともとアイヌ民の常道は上流で鮭を捕獲することだったし、アイヌ民の多くの酋長らは、それぞれの漁場を守り他人の漁場を犯さぬよう指導する松前藩の基本方針を支持していたから、これで蝦夷地の安寧が保たれることとなった。こののちもアイヌ諸部族の抗争は絶え間なく、松前藩が仲裁に立つことが常態となったので、松前藩は仲裁者としてアイヌ民に対する統治権を確立したのである。

松前藩は第四代将軍家綱《いえつな》の延宝七年（一六七九年）に樺太へ進出して久春古丹《くしゅんこたん》（のちに大

泊。今はコルサコフ）に陣屋を置き、ニシンなど漁場の開拓を進めた。

　ロシア人探検家がカムチャツカ南端からシュムシュ海峡を渡り、千島列島最北端の占守《しゅむしゅ》島に初めて上陸したのが第六代将軍家宣《いえのぶ》の正徳《しょうとく》元年（一七一一年）だった。この海峡は一〇キロメートルに満たないが、激しい潮流が渦を巻き暗礁もあるので、渡海は容易ではなかった。その先の千島列島を南下するといっても、夏期は特有の濃霧が垂れ込め視界が効かず、激しい海流が渦巻き、島々の岸辺は険しい崖が切り立ち投錨に適した泊地もないから、ロシア人の南下は遅々として進まなかった。こののちロシア人は千島列島の先に「松前島（北海道のこと）」があることを知る。日本人は北海道を「蝦夷地」と呼んでいたが、ロシア人は北海道を、日本の松前藩が支配する島と認識して松前島と呼んだのである。

　松前藩は幕府に、第七代将軍家継《いえつぐ》の正徳五年（一七一五年）、「唐太《カラフト》、千島列島、勘察加《カムチャツカ》までが松前藩領である」と報告している。

　松前藩は第八代将軍吉宗の享保四年（一七一九年）に一万石格の大名として認められた。当時の蝦夷地では稲作が不可能だったから松前藩は一万石といっても米は取れず、食用の米は対岸の弘前《ひろさき》藩（津軽家）から買っており、下級藩士には松前藩が本州から購入した米による扶持米が与えられた。一方、上級藩士の俸禄は「商場知行制《あきないばちぎょうせい》」といって鮭や鰊《にしん》の漁場が与えられ、アイヌ民に米・酒・塩・タバコ・鉄製品などを与えて物々交換でアイヌ民から干鮭・鰊・数の子・昆布・鷹羽・アザラシ皮・熊皮・ラッコ皮などを受け取り、本州へ販売して収入を得ていた。

こののち松前藩は第九代将軍家重《いえしげ》の宝暦四年（一七五四年）頃には国後島、択捉島、得撫《うるっぷ》島あたりまで実効支配するので「商場知行制」は国後島に及び、松前藩上級藩士の知行地として配分する。国後島の泊《とまり》には運上屋が置かれ、国後島のアイヌ民を保護して統治する。

このように松前藩は農業を基盤とした幕藩体制からは逸脱したが、実収が豊かだったから一万石格の大名として待遇されたのである。普通の大名は槍一筋で戦国の世を生き抜いてきたから、いずれ劣らぬ武門を誇っていたが、松前藩は秀吉、家康などときどきの権力者に蝦夷地の希少特産を献上して本領安堵されてきたのだから、武力は脆弱だった。

しかし敏感な理財で蝦夷経営を行ったから三〜四万石ほどの実収高を持つ、経済的には豊かな藩だった。通常、一万石の大名が抱える藩士は約一〇〇人だが、松前藩は三〜四万石ほどの実収高があったから、寛政十年（一七九八年）頃、三四九人の藩士を召し抱え（『寛政十年家中及扶持人列席調』による）ていたのである。

前述の「商場知行制」は、安永年間（一七七二年〜）頃、上級藩士とアイヌ民の間に近江《おうみ》商人が入って仲介する「場所請負制」に替わった。これなら松前藩士はアイヌ民と交渉したりアイヌ民から購入した諸産品を本州へ販売する手間《てま》が省け、近江商人から運上金が入る。近江商人は商売上手だったから収入も増えた。しかしこの結果、松前藩士と対等の交易相手だったアイヌ民は、近江商人に雇用される労働者になってしまった。

「三方良し（売り手よし、買い手よし、世間よし）」

の近江商人のときは、それでもまだよかった。そのうち、

「蝦夷地の商売は儲《もう》かるらしいぞ」

と聞いて、一発を狙った悪徳商人が入ってきて近江商人らを追い出した。

この代表が飛騨屋久兵衛《ひだやきゅうべえ》である。初代飛騨屋久兵衛は飛騨国（今の岐阜県）の農民だったが、江戸へ出て材木商の手代になり、蝦夷地の豊富な森林に目をつけて蝦夷地に渡り、松前藩に取り入って元禄十五年（一七〇二年）に許可を得ると蝦夷ヒノキの伐採で財を成した。

このの ち三代目飛騨屋久兵衛は森林事業から漁業へ転じ、安永二年（一七七三年）に松前藩から宗谷、白糠《しらぬか》、厚岸《あっけし》、霧多布《きりたっぷ》、国後島など未開発の広大な漁場を得て場所請負商人になった。これらの地域は松前から遠く離れ松前藩の監視が行き届かなかったから、これをいいことに、思う存分やりたい放題の商売をしたのである。

首席老中松平定信が天明七年（一七八七年）に寛政の改革を開始して二年後の寛政元年

（一七八九年）、「国後《くなしり》・目梨《めなし》の蜂起」というアイヌ民の暴動が起きた。これは「寛政蝦夷蜂起」ともよばれる。メナシというのは今の北海道目梨郡である。

この地域は、かつては松前藩士の「商場知行制」で、松前藩とアイヌ民の交易条件は「干鮭七束（一束二〇本なので計一四〇本）が米一俵」とされ、相互に了解していた。

しかるに前述のとおり「商場知行制」は「場所請負制」に替わってしまい、この地域の場所請負商人となった無慈悲な悪徳商人・三代目飛驒屋が、松前藩の目が届かないのをいいことに、従来からの交換基準を破ってアイヌ民を酷使し、暴利をむさぼるようになった。三代目飛驒屋は天明八年（一七八八年）頃から大規模な〆粕《しめかす》（鮭、鰊、鱒《ます》などを茹《ゆ》でて魚油を搾った滓《かす》を乾燥させた肥料）の製造を始めたのだが、労働力としてアイヌ民を雇い、搾取するようになったのである。

すると飛驒屋の強欲な商取引や劣悪な労働環境に不満を持った国後島のアイヌ民四一人が蜂起し、呼びかけに応じた目梨のアイヌ民八九人も蜂起し、計一三〇人が、寛政元年（一七八九年）五月、国後島の泊《とまり》にあった松前藩運上屋の足軽竹田勘平《かんべい》や飛驒屋の手代など和人七一人を殺害した。これは、わが国初の労働争議だった。

このとき、国後島のアイヌ民の酋長ツキノエは外出していて留守だった。殺害された和人の墓碑は文化九年（一八一二年）に作られ、表面に「横死七十一人之墓」と、裏面には事

「夷酋列像」に描かれた
ツキノエの肖像画

件の経緯が刻まれている。

事態を憂慮したアイヌ民指導者一二人（酋長ツキノエら）は、蜂起したアイヌ民らを、「松前殿の御恩で米、酒、塩を得て衣服を賜り、鉄器、たばこなどを得て、暮らしが豊かになった。和人の下の者が悪さをしたなら、和人の上司に訴えればよいのだ。むやみやたらに殺害するのは人倫にもとる」と説得し、蜂起を鎮《しず》めてしまった。

松前藩の家老で絵師の蠣崎《かきざき》波響《はきょう》がこの一二人を高く評価して、肖像画を「夷《い》酋《しゅう》列像」として描いた。「夷酋列像」は、模写を含めて六種が存在し、函館市中央図書館やフランスのブザンソン美術館などに保存されている。

松前藩は藩士三四九人の七四％にあたる鎮圧隊二六〇人を送ったが、鎮圧隊が現地に到着したとき、すでにアイヌ民指導者一二人の説得により事件は収束していた。

事後処理に当たった松前藩は蜂起首謀者三七人を処刑し、悪徳商人飛騨屋から商権を剝奪して阿部屋伝兵衛《あべやでんべえ》を場所請負商人に任じ、監督不行き届きとして家老以下三名を「押し込め三〇日」の処分とした。

首席老中松平定信（白河藩主）は、寛政元年五月に国後・目梨の蜂起が起きると事態を重視し、白河藩に、

「蝦夷地で反乱がおきれば、白河藩は奥州第一の要衝であるから、警戒を怠らぬよう」

と警戒を促すとともに、アイヌ蜂起の原因を調査するため、公儀普請役見習・青島俊蔵《としぞう》を蝦夷地へ送った。青島俊蔵は従者最上徳内《もがみとくない》を伴って現地調査を行い、寛政元年十一月付の勘定奉行・久世《くぜ》広民《ひろたみ》への報告書で、

最上徳内

「従来からアイヌ民は自前の狩猟や漁労で交易にいそしむ独立生活を送り、副業として場所請負商人に労役を提供していた。しかるに飛騨屋はアイヌ民に『全労働時間を場所請負商人飛騨屋に労役提供せよ』と要求し、しかも代価として与えられた米・酒・タバコなど諸品は品質が低下し、労賃も減らされた。これではアイヌ民は生活できないので蜂起したのだ。こういう事態を未然に防止するには、場所請負商人の中間搾取を排除するため、公儀（幕府のこと）が

アイヌ民と直接交易して、アイヌ民が豊かな生活ができるよう物産の買取条件を設定してアイヌ民を撫育《ぶいく》する『御救交易《おすくい》』を行うべきである」

との「分析と対策」を提言した。首席老中松平定信は、これを採用し、

「国後・目梨の蜂起の原因は、松前藩が悪徳商人飛騨屋の中間搾取を見逃し、アイヌ民が経済的な苦境に立たされたためである」

と判断し、松前藩にアイヌ民の待遇改善を厳命した。

このの ち青島俊蔵は病死したので、定信は青島の部下だった最上徳内を寛政二年（一七九〇年）に幕府普請役に任じて蝦夷地御用に抜擢。徳内を、寛政三年（一七九一年）一月、「幕府が松前藩に厳命したアイヌ民の待遇改善が、きちんと行われているか。青島俊蔵が提案した『御救交易』の実現可能性はあるのか、ないのか」

の実情を探るため、蝦夷地に派遣した。

最上徳内は出羽国《でわ》（現在の山形県）の貧しい農家に生まれ、江戸へ出て医術や数学を学び、天明四年（一七八四年）から天文学や測量術や経済論などを学んでいたとき、ときの老中田沼意次《おきつぐ》がロシアの南下に備えるため天明五年（一七八五年）に送った蝦夷地調査団の人夫として採用された。そこで徳内は釧路、厚岸、根室まで調査探索し、アイヌの酋長イコ

トイに案内されて国後島へも渡った。こののち徳内は天明六年（一七八六年）に単身で再び国後島、択捉島、得撫島へ渡って『蝦夷草紙』を著し幕府に蝦夷地の重要性を訴えたので、北方探索の専門家として広く知られていたのである。

最上徳内が厚岸、根室、標津《しべつ》、国後島、択捉島、得撫島まで東蝦夷地を調査すると、アイヌ民の騒動は収まっていた。こののち徳内は西蝦夷地へ向かって斜里《しゃり》や宗谷や石狩で「海鼠《なまこ》五〇〇個を米一俵」とする「御救交易」を試みた。

徳内はさらに樺太に渡って久春内《くしゅんない》に至り、ここを北緯四八度と計測した後、七月に蝦夷地へ戻り、石狩や宗谷や斜里で試行した「御救交易」がアイヌ民から歓迎されていることを確認した。

そこで幕府はアイヌ民との交易を、松前藩による場所請負制から幕府直轄の「御救交易」に転換させ、寛政三年（一七九一年）以降、国後島、霧多布、厚岸、石狩、宗谷で御救交易を行い、アイヌ民の経済的保護に努めたのである。

松平定信の失脚

幕府の貯金額は天明の大飢饉のため天明八年（一七八八年）には八一万両余に減少してい

たが、定信が天明七年に倹約令を下し大奥の経費削減などを断行して財政再建に努めた結果、定信退任後の寛政十年（一七九八年）には備蓄金は一〇七万両余まで積み上がり財政を健全化させた。改革は一定の成果を上げたのだ。しかし、その厳しい政治姿勢は、

「白河の　清きに魚も　すみかねて　もとの濁りの　田沼恋しき」

と揶揄《やゆ》されるほどで、定信は寛政五年（一七九三年）七月二十三日に辞任を命じられ失脚した。定信は、失脚したものの解任と同時に官位が侍従から少将へ昇進し、有力大名の席である溜間《たまりのま》詰となって待遇は向上し、形式的には円満な卒業という形になった。

2

寛政の遺老が作った対露外交を台無しにした土井利厚《としあつ》

首席老中松平信明《のぶあきら》の先見的な蝦夷《えぞ》地《ち》経営

松平定信《さだのぶ》が寛政五年（一七九三年）七月に失脚した理由は、将軍の家庭ともいうべき大奥にまで定信が倹約を要求し、将軍家斉《いえなり》の勘気に触れたためである。将軍家斉の真意は、「寛政の改革を継続せよ。ただし大奥には絶対に手をつけるな」ということで、「寛政の改革」の継続を望んでいたのである。

だから定信が抜けた後は、定信の下で寛政の改革に携わり「寛政の遺老」と呼ばれた松平信明《のぶあきら》（三河吉田藩主）が首席老中となり、同じく寛政の遺老である戸田氏教《うじのり》（美濃大垣藩主）や牧野忠精《ただきよ》（越後長岡藩主）らによって寛政の改革は継続された。

首席老中となった松平信明は、定信から「才能があって重厚であるので、彼に勝《まさ》る人はいない」と評された知恵者だった。

首席老中松平信明は、ロシアへの対処を強化すべく、蝦夷地の開発に取り組んだ。

前述のとおり松前藩は、秀吉や家康に蝦夷地の希少特産を献上して本領安堵されただけで、軍事力はきわめて脆弱だったうえ、アイヌ民を保護する意識が乏しかった。そこで松平信明は、

「蝦夷地を松前藩に任せていては、強大な軍事国家ロシアの侵略を防ぐことはできない」


と判断し、松前藩九代藩主松前章広《あきひろ》（在位：寛政四年《一七九二年》～天保四年《一八三三年》）の参勤交代を寛政九年（一七九七年）に免除し、蝦夷地経営に専念させた。

さらに松平信明は寛政十年（一七九八年）四月、目付・渡辺久蔵《きゅうぞう》、使番頭《つかいばんがしら》・大河内政寿《まさとし》、勘定吟味役・三橋成方《なりみち》に蝦夷地の調査を命じ、近藤重蔵《じゅうぞう》、最上徳内《とくない》らを含む一八〇名の蝦夷地調査団を派遣した。調査団が五月に本営となる松前に到着すると渡辺久蔵は松前に陣取り、大河内政寿が東蝦夷地、三橋成方が西蝦夷地を巡回した。近藤重蔵と最上徳内は大河内の配下として東蝦夷地を巡見し、国後島と択捉島を踏査し、七月に択捉島南端のタンネモイに「大日本恵登呂府《えとろふ》」という標柱を建てて領土権を主張した。このとき択捉島には約七〇〇人のアイヌ民がいて穴居《けっきょ》していた。蝦夷地の現況を巡視した渡辺、大河内、三橋は十一月に江戸へ戻り復命した。

首席老中松平信明は調査団の報告をもとに、寛政十年十二月二十七日、力量が見込まれた書院番頭松平忠明《ただあきら》（旗本五千石。松平信明とは無関係）を筆頭とする「蝦夷地取締御用掛」を設け、その下に勘定奉行・石川忠房、目付・羽太正養《はぶとまさやす》、使番頭・大河内政寿、勘定吟味役・三橋成方を配し、五人は「蝦夷地御用掛の五有司」と呼ばれた。

年が明けて寛政十一年（一七九九年）一月十六日、首席老中松平信明は東蝦夷地（北海道東部の太平洋側）の知床半島までを期間七年間の仮上知《かりあげち》（仮に召し上げること）として幕府の直轄地とし、東蝦夷地の警備を弘前藩（津軽家）と盛岡藩（南部家）に命じた。そこで、弘前藩と盛岡藩は箱館に陣屋を置き、弘前藩は勤番所を択捉に、盛岡藩は勤番所を根室、国後、択捉に置き、各々五〇〇人の足軽を配置した。前述のとおりアイヌ民の保護については幕府直轄の御救交易を行っているが、国防についても幕府自ら当たることとしたのである。

そして蝦夷地取締御用掛五有司が、幕府が仮上知した東蝦夷地の開発に当たった。

蝦夷地取締御用掛五有司は蝦夷経営の基本方針を、

「蝦夷地は日本国の領土であるから断固として守り、ロシアに備える。そこに住む和人とアイヌ民は日本国民であるから、いずれも撫育《ぶいく》（支援し育成すること）する。アイヌ民は御救交易による公正な商取引によって保護し、アイヌ民の不満を解消させる。アイヌ民の生活様式を尊重し、風俗を日本風に変えたり農耕を勧めるなどの教化《きょうけ》はしない」と定めた。すなわちわが国は単一民族というより、複数民族共生社会だったのである。

こうして蝦夷地取締御用掛のもとで、蝦夷地開発計画が寛政十一年にスタートした。蝦夷地御用掛筆頭・松平忠明は寛政十一年二月に蝦夷地へ赴き、自ら根室から標津《しべつ》に至るまで巡察し、御救交易が順調に行われていることを確認し、運上屋を会所へ改編させ、道路・交通を整備させ、各所に医師を配置するなどの施策を行った。

当時、松前あたりから厚岸、根室、国後島、択捉島など東蝦夷地に行く和人は、海岸に沿って歩いた。アイヌ民はおもに川岸や海辺に住み、移動には小舟を使ったので、内陸の交通が前人未到だったからである。しかし、日高山脈の先端が海にいたる襟裳《えりも》岬付近は断崖絶壁が海に迫り、荒波が岸辺に打ちつけるので、海岸の通行が困難な難所だった。

そこで松平忠明は襟裳岬付近の様似《さまに》〜幌泉《ほろいずみ》（えりも町）の様似山道、幌泉〜ビタタヌンケ（今の広尾町の南方）の猿留《さるる》山道など道路開削を行わせた。そして様似、白糠《しらぬか》、釧路、昆布森《こんぶもり》、厚岸など一〇カ所に旅宿所を建てさせて江戸へ戻った。

さらに高田屋嘉兵衛《たかたやかへえ》が寛政十一年に国後〜択捉間の航路（択捉航路）を開いた。

高田屋嘉兵衛は淡路島に生まれ兵庫へ出て水夫になるや頭角を現して船頭に昇格し、寛政八年（一七九六年）に千五百石積みの「辰悦丸《しんえつまる》」を手に入れた。寛政九年（一七九七年）に

高田屋嘉兵衛

は蝦夷地まで商売の手を広げ、兵庫で酒、塩、木綿などを仕入れて酒田へ運び、酒田で米を買って箱館へ運び、箱館では米を売って魚・昆布・魚肥《ぎょひ》を仕入れて上方で売る商売を行っていた。かかるなか高田屋嘉兵衛は、択捉島開拓に取り組んでいた近藤重蔵に依頼され、国後島〜択捉島の航路を開拓したのである。この海峡（国後水道）は濃霧に閉ざされた狂瀾怒涛の海峡で、小舟で渡るには沈没の危険が高く恐れられていた。高田屋嘉兵衛は国後島の北東端に立って潮流を観察した結果、

「海峡には西蝦夷海岸とオホーツク海から、さらに北太平洋からと、三つの潮流が流れ込んでぶつかり、激浪を巻き起こしている」

と看取し、三潮流がぶつかる場所を避ける迂回航路を発見して択捉航路を開いたのである。

幕臣近藤重蔵は寛政十二年（一八〇〇年）に択捉島および得撫《うるっぷ》島を綿密に調査し、同年四月に国後島の泊《とまり》でアイヌ民の酋長らに酒やタバコを振舞い、同年閏《うるう》四月には択捉島の老《おい》門《と》と紗那《しゃな》に会所を設けて幕府役人を常駐させ、ロシアへの最前線を構えた。国後島・択捉島における交易も幕府が管理する御救交易になり、こうしたアイヌ民保護政策によって幕府は東蝦夷地の統治権を確立した。

近藤重蔵は同年六月に択捉島民の人別帳（戸籍のこと）を作成し、七郷二十五カ村の郷村制をしき、七月には択捉島北端のカモイワッカ岬に「大日本恵登呂府」の標柱を建てた。このため「大日本恵登呂府」の標柱は、択捉島の南端と北端の両端に建てられたのである。高田屋嘉兵衛は寛政十二年に択捉島で漁場十七カ所を開き、アイヌ民に漁法を教えた。

東蝦夷地が幕府の直轄地になると、江戸から東蝦夷地への直航ルートの開発が急務となった。そこで幕府天文方の堀田仁助《にすけ》（津和野《つわの》藩士）が、寛政十一年、江戸から厚岸《あっけし》への航路を開拓するよう命じられ、西洋測量術を駆使して宮古—厚岸間の航路を開拓。さらに東蝦夷地周辺の海図を作成した。

伊能忠敬

　こののち伊能忠敬《いのうただたか》が寛政十二年に蝦夷地の測量に赴いた。伊能忠敬は幕府天文方高橋至時《よしとき》と地球の大きさを計算しようと考え、

「角度一度にあたる距離を歩測して三六〇倍すれば、地球の全周を算出できるはずだ」

　と考えめぐらせていたころ、蝦夷地開発ブームが沸き起こったので、

「蝦夷地の正確な地図を制作するとともに、地球の大きさを計算しよう」

　と考え、蝦夷地取締御用掛・松平忠明に願い出て許された。このとき、忠敬は五五歳であった。

　名主とはいえ農民に過ぎない伊能忠敬は、松平忠明に、

「私は若い時から数術が好きで天文も心掛けるようになり、高橋至時様の門弟になったおかげで観測もできるようになりました。将来ためになる地図を作りたいと思いますが、御大名や御旗本の御領内や御知行所に棹や縄を入れて距離を測ったりすれば御役人衆のお咎《とがめ》に遭《あ》うでしょうから、私のような低い身分の者にはできないことです。しかしありがたい

ことに御公儀の御声掛りで蝦夷地に出発できるようになりました。蝦夷地や奥州から江戸までの海岸沿いの地図を作って差し上げたいと存じます。この地図が御公儀のお役に立てばありがたいことでございます。地図の完成にはおよそ三年ほどかかるでしょう」

と述べている。

忠敬一行は寛政十二年閏《うるう》四月十九日に江戸を発《た》ち、奥州街道を北上しながら測量して一日に約四〇キロを歩き、五月十日に津軽半島最北端に到達。こののち船で津軽海峡を越えて箱館に入り、様似、幌泉、釧路、厚岸、根室付近まで海岸沿いを測量した。

このとき忠敬は、蝦夷地取締御用掛に雇用されて蝦夷地にいた公儀隠密《おんみつ》・間宮林蔵《まみやりんぞう》と出会い、彼に測量技術を伝授したので、間宮は忠敬がやり残した測量を行い、蝦夷地図を完成させる。

忠敬が全国を測量して文政四年（一八二一年）に完成させた『大日本沿海輿地《えんかいよち》全図』は、国家最高機密文書として幕府の紅葉山《もみじやま》文庫に納められることとなる。

前述のとおり、襟裳岬付近の海岸は交通の難所だったから、松平忠明が様似山道、猿留山道を開削させたが、さらなる抜本的解決策として沙流《さる》川河口から上流に至り日高山脈を越えて十勝平野へ入り十勝川をくだって河口にいたる内陸道路の開削が構想された。

寛政十二年に実地踏査を命じられた皆川周太夫（農民）は十勝川を河口から登って上流に至り、ヒグマなどが常時往来して踏み固めた獣道《けものみち》などを歩いて日勝《にっしょう》峠付近で人跡未踏の日高山脈を越え、沙流川の上流から沙流川河口へ出た。これが現在の国道三十八号の前身である。皆川周太夫は幕府に、

「もし道が拓《ひら》かれ人々が往来しやすくなれば、山の中にも自然と民家ができ、その界隈《かいわい》が開かれ、この地域が開発される土台となるでしょう」

と述べている。北海道内陸の道路は、幕府によって拓かれたのである。

こののち「ロシアに蝦夷地進出の徴候あり」と判断されたので蝦夷地対応を強化するため、享和二年（一八〇二年）二月二十三日に蝦夷地取締御用掛は「蝦夷地奉行」に改組され、蝦夷地御用掛五有司の一人だった羽太正養《はぶとまさやす》が蝦夷地奉行に任命された。蝦夷地奉行は同年五月十一日に「箱館奉行」と改称された。

また仮上知だった東蝦夷地は七月二十四日に永久上知となった。

老中土井利厚《としあつ》の登場と、首席老中松平信明《のぶあきら》の辞任という〝影の時代〟

古河《こが》藩主土井利厚《としあつ》が享和二年（一八〇二年）十月十九日に老中に就任した。これは将軍家斉の愛妾《あいしょう》お美代《みよ》の方が推薦したから実現したのである。土井利厚は老中へ

昇任することを熱願して家斉《いえなり》への付け届けを怠ることなく、家斉から浜御殿でとれた冬瓜《とうがん》三個や金魚、江戸城御庭の菊苗一鉢などをお美代の方を介して下賜されると、拝領御礼に植木二鉢、緋鯉一匹をお美代の方をつうじて将軍家斉に献上したりした。土井利厚はお美代の方の推薦あってこそ老中の座に就《つ》けたと言っていい。

将軍在位五〇年におよんだ家斉は、「遊王」といわれるほど政治に無関心で大奥に入り浸り、五三人の子をもうけ子女を有力大名と縁組させた。この間、賄賂や縁故人事が横行し、奢侈・贅沢が蔓延した。将軍家斉と土井利厚は似た者同士の無責任だったのである。老中になった土井利厚は、案の定、将軍家斉の「虎の威をかるキツネ」となって威張りだした。

そもそも家康の頃の幕政は、三河以来の譜代大名が老中となって堅固な幕藩体制を構築した。そして八代将軍吉宗は「享保の改革」で側近政治を排して三河以来の譜代大名を重用し、御三家の意向を尊重し、家康の時代を模範とする堅固な幕藩体制を再構築した。しかるに将軍家斉はこれをすっかり壊して三河以来の譜代大名や御三家を遠ざけ、愛妾お美代の方が老中候補者と将軍家斉の間に立って老中を選任する絶大なる権力を確立した。

松平定信はこうした事態になったことを、享和二年（一八〇二年）、『心の双紙《そうし》』に、

「かつて盛んだった唐の賢君玄宗《げんそう》皇帝は楊貴妃《ようきひ》に心を奪われて、唐は滅んだ。同じようにかつてはまともだった将軍家斉は愛妾に心を奪われて、幕府を滅ぼすことになるだろう」との予言を記して、前途を憂いた。

かかるなか内政・外交に敏腕を振るった首席老中松平信明は、将軍家斉に寵愛されてしゃしゃり出た新老中土井利厚との軋轢を自覚し、享和三年（一八〇三年）十二月二十二日、病気を理由に老中を辞任し、身を引いたのである。

ロシア使節レザノフの通商希望を黙殺・愚弄した老中土井利厚

松平信明の辞任後、「寛政の遺老」である戸田氏教が首席老中となったが、将軍家斉に寵愛されて新しく老中になった土井利厚がしゃしゃり出る。信明辞任の翌年である文化元年（一八〇四年）九月六日にロシア使節レザノフが通商交易を求め、かつて松平定信がラックスマンに与えた信牌を持って長崎に来航すると、老中土井利厚がこの問題を取り扱った。

信牌は「おろしや国の船長崎に至るためのしるしの事」と題して、

「切支丹《キリシタン》の教《おしえ》は我国の大禁也、其像および器物、書冊等を持渡る事なかれ。必ず害せらるることあらん。此旨よく恪遵《かくじゅん》して長崎に至り、此子細を告訴すべし。猶《なお》研究して上陸をゆるすべき也。夫が為此一張を与うる事しかり。

レザノフの船と兵隊

石川将監　印

あだむらっくすまん　え」

というものである。ラックスマンに信牌を与えた宣諭使石川将監《しょうげん》忠房は幕府の立場を、

「ポルトガルが貿易をエサにキリスト教を布教したうえ、天草四郎らキリシタンを扇動して蜂起させ日本を征服しようとした。だから鎖国して、キリスト教流入を阻止するのだ」

と伝え、

「貿易希望があるなら、キリスト教布教を断念することが前提である」

と念を押したのである。

前述のとおり、ラックスマンを日本へ送ったエカテリーナ二世は、

「かつて日本は征服欲にかられたポルトガルのキリスト教布教に恐怖を抱いて鎖国体制に入ったが、オランダが布教せず穏健な態度で商売に専念したので、最近は欧米人に対する警戒心も低下したようだ。日本はキリスト教布教に恐怖を抱いて鎖国体制に入ったのだか

ら、トラブルの種とせぬため、日本人漂流民のうちキリスト教に入信した二名の者は今回は送還しない」

と指示したように、鎖国の目的はキリスト教の布教禁止であることを完全に理解していた。

ロシアが日本との交易を望んだのは、前述のとおりアラスカ開発のため米、麦、織物などの輸入を希望したものであり、キリスト教を布教する意図はまったくなかった。

だから聡明な石川忠房とエカテリーナ二世なら、貿易交渉は進展したことだろう。

しかるに、老中土井利厚が日本側代表になったから、日露関係は暗礁に乗り上げた。

ラックスマンは陸軍中尉だったが、レザノフは貴族だった。ロシア側は、

「ロシア使節を陸軍中尉から貴族へ格上げしたから、日露交渉は進展するだろう」

と考えたのだ。

遣日使節レザノフはサンクトペテルブルクに生まれた語学の天才で、東シベリアにおける毛皮事業およびアラスカ経営のため食料等を輸入すべく日本との貿易を望み、皇帝アレクサンドル一世の親書を携え、松平定信が一一年前にラックスマンに与えた信牌を持って日本へ向かった。対日交渉の名目は日本人漂流民の津太夫《つだゆう》らの送還だったから、船中で日

本人漂流民から日本語を学びながら、文化元年（一八〇四年）九月六日に長崎湾へ入った。

するると幕府役人が小舟でこぎ寄せたので、レザノフが信牌を見せると、幕府役人は、

「信牌を渡してから四年間、ロシア船の来航を待っていた。さらに四年間、来航を待った。しかしロシア船は来なかった。だから『もうロシア船は来ない』と諦めていた。なぜ今頃になってから来たのか」

と問いただした。そこでレザノフは、

「欧州でナポレオン戦争があったからだ」

と正直に答えた。

その夜、長崎奉行手付・行方覚右衛門《なめかたかくえもん》ら二十余人が、オランダ商館長ドゥーフを伴って、船を訪れた。ロシア使節レザノフは、

「オランダは、貿易独占を守るため、ロシアの貿易参入を妨害しようとしている」

ことを知っていたから、オランダ商館長ドゥーフにフランス語で、

「ロシアが輸出したいのは魚、脂、なめし皮などである。オランダの貿易利益を損じない」

と釈明した。しかるにオランダ商館長ドゥーフはレザノフにフランス語で、

「日本には魚、脂、なめし皮の購入希望はない」

オランダ商館長ドゥーフ

と嫌味を言った。二人の会話はフランス語だったから、幕府役人には分からなかった。

しかし出だしがこうだったから、ロシア貴族であるレザノフは、

「日本は、オランダを通じてロシアを見るなよ。オランダは軍事力が弱体な三流国だ。ロシアは強大な軍事力を持つ一等国だぞ」

と、相当に気分を害した。

実は長崎の出島は寛政十年（一七九八年）の火事で住居が燃えた後、再建されていないので、ロシア皇帝の使節レザノフらを宿泊させるにふさわしい宿舎がなかった。そこで幕府はレザノフらのため新たに家屋を新築したので、この間、レザノフらは船に留め置かれた。当時、長崎には日本人の経営するパン屋があったので、よく焼かれた白パン、豚肉、野菜、エビ、ジャガイモなどが船に届けられた。突貫工事で二カ月後にようやく新築の家（食堂と八つの部屋があり、レザノフの居室には見事な屏風があり、日本庭園がしつらえてあった）が完成したので、レザノフらは十一月十七日に上陸して新築の家に入った。

この十一月、長崎奉行所に勤務していた大田南畝《なんぽ》が奉行所の検使としてレザノフらを訪

れた寒い日、レザノフは大田南畝に日本語で、

「寒かり（寒い）。寒かり（寒い）」

と語りかけた、と大田南畝は記録している。

この頃、気位の高い貴族であるレザノフは相当いらだち、十二月二十八日に幕府役人に、

「いつまで待たせる気か。もう忍耐は限界だ」

と訴えた。


このころ江戸の幕閣の間では、レザノフへの対応に、議論百出していた。

ラックスマンに信牌を与えた松平定信は既に失脚しており、将軍家斉から寵愛された老中土井利厚がしゃしゃり出ていた。幕府のシンクタンクともいうべき昌平坂《しょうへいざか》学問所の大学頭・林述斎《はやしじゅっさい》は、老中土井利厚に、

「ラックスマンに信牌を与えた経緯がある以上、礼節をもってレザノフと貿易交渉をするしかない」

と力説した。林述斎は聡明な開国論者で、のちにペリーが来日したとき述斎の六男で大学頭・林復斎《ふくさい》が日本側全権となって日米和親条約を締結（一八五四年）する。だからこのとき老中土井利厚が林述斎の意見を採用すれば、日米和親条約の五〇年前に日露和親条約が

締結されていたのかもしれない。

しかし老中土井利厚は、昌平坂学問所大学頭・林述斎の提言をまったく聞き入れなかった。そもそも老中土井利厚の本心は、

「将軍家斉の寵愛を保って、一日でも長く老中の座にとどまっていたい」

というのみで、外交にも内政にも政務への関心はまったくなかった。老中土井利厚は、将軍家斉のご機嫌を損なわないことのみを最優先とし、家斉に、

「生意気なロシアを脅《おど》して追い払ったから問題は解決しました。ご安心ください」

と報告して一件落着にしようとし、

「レザノフに腹の立つような乱暴な対応をすれば、ロシアは立腹して二度と来なくなるだろう。もしロシアが怒って報復に出たら、弘前藩と盛岡藩に命じて武力で撃退すればよい。ロシアの武力など恐るるに足らずッ！」

と短慮な強硬論を主張した。これが、将軍家斉の寵臣土井利厚の姿勢だったのである。

そうはいっても大ロシア帝国が武力を行使したら、弘前藩と盛岡藩が束になってかかっても到底かなわない。しかし老中土井利厚はこういう現実論を一切無視した。

この間、レザノフは来航から二カ月以上長崎湾の海上で待たされ、家屋が新築された後

はそちらへ移ったが、何の回答も得られず、ただただ待たされていた。

レザノフの最大の目的は、ロシアが北米大陸のアラスカを支配する目的でアラスカへ入植させたロシア人開拓民のために食料・衣類・日用品を日本で購入してアラスカに送ることだった。これを急がなければ、アラスカへ入植したロシア人開拓民は飢えに苦しみ、アラスカから撤退しなければならない。そうなればロシアはアラスカを失う。

だからレザノフは、

「貿易を認めないなら早く言ってくれ。日本が貿易を認めないなら、日本以外から食料・衣類などを購入してアラスカへ送る。日本が回答を遅らせ自分を長崎に留め置くなら、アラスカの開拓民は飢えに苦しみ、ロシアはアラスカから撤退しなければならなくなる」

という切迫感に苛《さいな》まれていたのだ。

しかるに老中土井利厚は、レザノフをさんざん待たせたうえ文化二年（一八〇五年）一月六日に通商拒否を最終決定し、目付遠山景晋《かげくに》を長崎に派遣した。二月三十日に長崎に着いた遠山景晋は、三月七日にレザノフを長崎奉行所に呼び出し、レザノフに、

「わが国が通商を許すのはオランダ、清、朝鮮だけである。その他の国との通商は国禁である。このの ち二度と来日しないように」

と通達して通商の完全拒否を伝達し、レザノフを退去させた。このとき遠山景晋は、

「懇切な申し出であったから、幕閣において厚く群議に及んだため、回答が延引した」と詫《わ》びを入れ、レザノフに真綿二千把、米百俵、塩二千俵を贈り、ロシア使節到着以来幕府が提供した日々の食料や艦体修理用の銅板などの材料費は取らなかった。

しかし老中土井利厚は意図的にロシア使節レザノフを侮辱し、慇懃無礼《いんぎんぶれい》ともいうべき乱暴な対応をしたのである。こんな天に唾《つば》するような外交が通用するはずもない。

失脚していた松平定信は、外交上の大失態ともいうべき土井利厚の強硬策を知ると、首席老中戸田氏教に、

「このような信義を否定した外交は後難を招く」

と再三にわたり進言したが、受け入れられなかった。首席老中戸田氏教としても、将軍家斉の寵愛深い土井利厚の独走に口を出すことはできず、ただおろおろするばかりだった。

戸田氏教にできたことは、一年後の文化三年（一八〇六年）一月二十六日に、日本に来航するロシア船を穏便に退去させるため、

「ロシア船を発見した場合は説得して退去させる。ロシア船が求めるなら薪、水、食糧を与える。決して上陸はさせない」

という微温的な「文化の撫恤令《ぶじゅつれい》」を発布することだけだった。首席老中戸田氏教の対ロシア政策は一貫性のない場当たり的なものとなり、懊悩《おうのう》した氏教は、文化三年四月二十六

日に老中在任のうちに病没した（享年五十二）。

そこで新たな首席老中に寛政の遺老の一人である牧野忠精《ただきよ》（越後長岡藩主）が就任したが、牧野忠精の首席老中在任は、わずか一カ月に過ぎなかった。牧野は長岡藩の新田開発など内政面での手腕はあったが対外政策の見識はなく、レザノフ来航後のロシア問題など対外問題の難局を乗り切る手腕が疑問視されたからである。

首席老中松平信明、異例の復職

失脚していた松平定信は、将軍家斉の寵愛を得てしゃしゃり出た老中土井利厚の外交上の失態を見て対外的な危機感を強め、同憂の大学頭・林述斎が将軍家斉を説得し、辞任していた松平信明を文化三年（一八〇六年）五月二十五日に首席老中として復帰させた。

これは異例の復職である。

そもそも松平定信は将軍家斉の勘気にふれて失脚した。そして松平信明は家斉の不興を察知して身を引いた。松平定信も松平信明も将軍家斉から嫌われているのである。

そして外交上の大失態をしたのは、将軍家斉がもっとも寵愛する老中土井利厚なのだ。

しかるに将軍家斉の勘気にふれて失脚した定信は、将軍家斉に、

「貴方が寵愛する老中土井利厚は無能だから、私が信頼する松平信明に任せなさい」

と言って実現させたのである。失脚した定信はまだ余力を残していた、と言える。

定信は老中失脚後、白河藩主として軽輩の藩士の内職にキセル製造を勧めたり、城下に薬園を設けて朝鮮人参や附子《ぶし》（トリカブトの塊根を干したもの。漢方薬）などの薬草を栽培させたり農民に生姜・たばこなど商品作物の栽培を奨励するなど、白河藩の藩政に専念していたが、幕政についても隠然たる影響力を保持し、将軍家斉に耳の痛い意見を申し述べる相談役のような発言力を保持していたのである。

「文化露寇《ぶんかろこう》」――無能な土井利厚が招いたロシアの報復

老中土井利厚のロシア政策は大失態であった。彼が開けた「穴」は大きすぎて、首席老中に復帰した松平信明を苦しめた。これが「文化露寇」または「フヴォストフ事件」（文化三年（一八〇六年）九月～文化四年（一八〇七年）五月）といわれるロシアの報復だった。

前任者が「穴」を開けると、後任者は大変な苦労をする。土井利厚は、

「万一、強国ロシアが攻めてきたら、弘前藩と盛岡藩に撃退させればよい」

と無責任きわまりない安易なことを言ったが、弘前藩と盛岡藩がロシア軍の攻撃を撃退するというのは、軍事的にしょせん無理である。

しかしこれは現実問題となって、降りかかってきた。

前述のとおりレザノフは、半年も待たされたうえ文化二年（一八〇五年）三月に貿易を拒否され退去させられた。憤懣やるかたないレザノフは部下のフヴォストフ中尉に、「日本は、大ロシア帝国の軍事力を軽視している。目にもの見せてやれ」と命じた。こののちレザノフは食糧難に陥ったアラスカ開拓地を救援するため、船でアメリカ西海岸（当時はスペインの植民地だった）へ行って食料を調達し、搬入した。レザノフはこうした東奔西走のなか疲労し、一八〇七年（文化四年）五月に病死する。

一方、レザノフから命じられたフヴォストフ中尉は軍艦二隻「ユノーナ号」「アヴォーシ号」を率いて文化三年（一八〇六年）九月に樺太を攻撃し、アイヌ集落を襲ってアイヌの子ども一名を拉致し、久春古丹《くしゅんこたん》にあった松前藩の番所を襲って米六百俵を奪ったうえ番所の番人富五郎《とみごろう》ら四人を拉致し、番所・倉庫・弁天神社を焼き払って去った。

文化四年（一八〇七年）四月には択捉島へ攻め寄せ、内保にあった盛岡藩の番所を襲って五郎治《ごろうじ》ら番人五人を拉致し、米・塩・衣服等を奪って番所を焼き払った。その後、紗那《しゃな》を襲った。紗那に二百三十余人で駐屯していた箱館奉行支配調役戸田又太夫《またゆう》は「勝ち目なし」と判断して配下を退却させたうえ責任を負って切腹。ロシア兵は米・酒・甲冑・刀槍・鉄砲・旧式大砲三門を奪い、一名を拉致して去った。

これを「文化露寇《ろこう》」（またはフヴォストフ事件）という。

将軍家斉は盛岡藩が番所を置く択捉島がロシア軍艦に襲撃されたことを知ると、恐怖のあまり戦慄して周章狼狽した。同じく驚愕畏怖した大奥の上臈《じょうろう》御年寄が家斉に、

「塩断ちして、八百万《やおよろず》神々に、夷狄《いてき》降伏をお祈りなさいませ」

と懇願すると、家斉は祈禱をさせ七日間塩を口にしなかった。

将軍家斉は文化露寇の原因が老中土井利厚の失態であることをなおも認識せず、大奥の意向に従い夷狄降伏を祈る祈禱にわが国の運命を委《ゆだ》ねたのである。こうした家斉の醜態を目《ま》の当たりにした幕閣は困り果て、以来、家斉に外患や一揆など内憂を報告しなくなった。

このため家斉は、天下泰平の夢のなかに生きる酔生夢死《すいせいむし》に陥ったのである。


しかし実務担当者は、現実的対応を行わなければならない。

首席老中松平信明は事態を重視し、ロシアの襲撃に備えて蝦夷地の沿岸を防備するため弘前藩・盛岡藩・秋田藩・庄内藩の藩兵合計三〇〇〇人を蝦夷地の要地に配備した。

場合によっては、ロシアと全面戦争になるかもしれない。その態勢づくりも必要である。

だから松平信明は松前藩主を江戸へ呼び寄せ、文化四年（一八〇七年）三月二十二日、

「西蝦夷地の儀、その方行き届きがたき段、容易ならざるにつき、西蝦夷一円召し上げ

候」

と通達して松前藩から松前を含む西蝦夷地を永久上知した。前述のとおり東蝦夷地は既に永久上知となっているから、これにより全蝦夷地が幕府の直轄地となったのである。

そして松前藩は、文化四年七月十七日、代替地《だいたい》として陸奥国梁川《やながわ》九千石を与えられた。松前藩は一万石格だったから陸奥国梁川へほぼ同額の九千石で転封となったのだが、実収高は三〜四万石だったから約三五〇人の藩士を召し抱えていた。しかし九千石では約九〇人の藩士しか召し抱えることはできない。だから梁川へ移ったのは九三人だった。残りの二五〇人ほどは地元に残って箱館奉行の配下などになった。

なお箱館奉行所は文化四年に松前へ移転し、箱館奉行は松前奉行に改称される。

フヴォストフ中尉は樺太や択捉島から拉致した番人一〇人のうち、通訳要員として五郎治ら二名を手元に残し、残りの八名を文化四年六月に釈放した。このとき彼らにロシア語とフランス語による松前奉行宛の書状を託し、ロシアの立場を主張した。この書状には日本人番人による日本語訳が付けられていた。それは、

「マツマエオブギョウサマ（松前御奉行さま）、チカクキンジョノコト（近く近所のこと）なので（ロシアは）トカイアキナイ（渡海商）を願い、長崎に使者を送ったが返事もないのでハ

ラタチテ（腹が立って）、テナミミセ（手並みをみせ）候。キカナイトキニハ（幕府が通商を開かないなら）、キタノチヲトリアゲモウスベク（北の地を取り上げ申すべく）」

というものである。なお松前奉行羽太正養《はぶとまさやす》は、文化露寇の責任を問われ、文化四年（一八〇七年）十一月に松前奉行を罷免された。

文化五年（一八〇八年）に会津藩と仙台藩に出兵命令が下り、仙台藩から六百人が出兵。会津藩は同年一月に総勢一千五百余人が会津若松を出発し、約半年間、最前線の樺太、利尻島、宗谷岬に駐留した。これを「会津藩の樺太出兵」という。幕府は何か困難が生じると、すぐ会津藩を当てにするのだ。このときもそうだった。

家老内藤源助信周が率いる会津藩兵五〇〇人は宗谷岬の稚内に本営を置き、台場や見張り台を設置した。このとき荷役作業を手伝ったアイヌ民に賃金を払ったうえ、土産に米や煙草を与えると、アイヌ民は大いに喜びアイヌ踊りを披露したので、気をよくした会津藩士がさらに握り飯を与えると、アイヌ民は、

「こんな貴重な物は自分だけで食べる訳には行かない。子どもたちに食べさせる」

と言って大事そうに持ち帰った、という。

番頭梶原景保《かげやす》は二〇〇人を率いて利尻島へ進出した。

家老北原采女《うねめ》光裕《みつひろ》の指揮する八〇〇人が樺太へ上陸すると、久春古丹の焼け跡には弁天神社の鳥居が焼け残っているだけだったので、警備陣屋を再建してロシア兵の襲撃に備えた。二年前のロシア兵の来襲で集落を焼かれ、子どもを拉致されたアイヌ民たちは、会津藩の進出で安心したようだ。ロシア兵はナポレオン戦争のため西方へ引き上げたため、ロシア兵との交戦はなかったが、多くの会津藩兵が野菜を摂取できないことによるビタミン不足で水腫《すいしゅ》病にかかった。このときアイヌ民が、

「野草や、嵐や強風で浜辺に打ち上げられた昆布など海草を採取して食べると良い」

と教えてくれた。会津藩は漢方薬の研究に力を注ぎ御薬園で薬草約四〇〇種を栽培していたので、出征部隊に水腫病に効果があるとされる朝鮮人参・熊の胆《い》・干し生姜・梅干などを送った。さらにアイヌ民が昆布など海草の摂取を教えてくれたのだ。会津藩は樺太警備からの帰路、嵐で船が難破し五一名の死者を出したが、ビタミン不足による死亡者はいなかった。会津藩の樺太出兵は『会津藩唐太出陣絵巻』という絵巻に描かれている。

同じく蝦夷地防備を命じられた弘前藩（津軽家）は「津軽藩士殉難事件」という犠牲を払うことになった。弘前藩の藩士二〇〇人が文化四年七月九日に宗谷へ、一〇〇人が七月二十九日（西暦九月一日）に知床半島西岸の斜里へ入って警備を開始したが、間もなく本格的な冬を迎え、陰暦八月二十八日には初雪が降り、陰暦十月（西暦十一月）には病人が発生

した。越冬用に持ち込んだ米や味噌など食料備蓄は豊富だったし、「加味平胃散」という薬や酒を差し入れたが、ビタミン不足を解消することはできなかった。海は流氷に閉ざされて魚や海藻など生鮮食材を得ることはできず、ビタミン不足で水腫病を患う者が続出。斜里では一〇〇人中七二人が水腫病で死亡し、宗谷でも二〇〇人中三〇余人が死亡した。

春が来て流氷が去った文化五年閏六月二十四日、斜里の海岸に救援船が現れ、生存者は宗谷岬沖を回り、津軽海峡を越えて八月十五日に弘前へ帰着した。

会津藩の樺太出兵は、間宮林蔵の樺太探検の先駆けとなった。

幕府から樺太探索を命じられた間宮林蔵《まみやりんぞう》は、文化五年四月、樺太最南端の白主《しらぬし》から出発して東岸を北上。途中から最狭部を横断して西岸へ出て西海岸を北上してラッカに至り、樺太が半島でなく島であることを確認して「大日本国国境」の標柱を建てた。さらに海峡（間宮海峡）を渡ってアムール川を河口からさかのぼり、清国の役所が置かれたアムール川沿岸の町デレンまで足を踏み入れた。林蔵の本業は将軍家御庭番・公儀隠密であり、樺太探検はロシア・清国の情勢を探る公儀隠密としての仕事だった。

林蔵は変装の名人で、アイヌ民や乞食など様々な姿に変装したが、乞食に変装したときのことについて、のちに、

「着衣がボロボロなので、幕府から預かった活動資金を懐中に隠すのに苦労した」

と述懐している。確かに、乞食が多額の金子《きんす》を持っていたら、怪しまれる。探索を終えた林蔵は、文化六年（一八〇九年）十一月、松前奉行所に帰着報告をした。報告によれば、

「樺太にロシア人は定住していなかった」

とのことである。

余談であるが、前述の文化露寇に触発された大坂の講談師・南豊亭永助《なんぽうていえいすけ》が、文化五年（一八〇八年）に『北海異談』という全二十巻の近未来小説を著したところ、ロシアとの友好を模索していた幕府の怒りに触れ、永助は打首《うちくび》・獄門《ごくもん》の厳罰に処された。『北海異談』のあらすじは左記のとおりである。

「ラックスマンが来航したのちレザノフが来航し文化露寇が起きた。腹を立てたロシアは、朝鮮と軍事同盟を結んで、蝦夷地を占領した。この国難に、伝説上の英雄である仙台藩の片倉小十郎が立ち上がり、奥羽諸藩の軍勢を率いて救援にかけつけた。ロシアとの最後の戦いは幕府と諸藩の連合艦隊がロシア艦隊と戦う『箱館沖海戦』となり、幕府と諸藩の連合艦隊がロシア艦隊を撃滅する劇的勝利となり、蝦夷地を奪還した」

これはのちの日露戦争（明治三十七年〜）を想起させる近未来小説である。

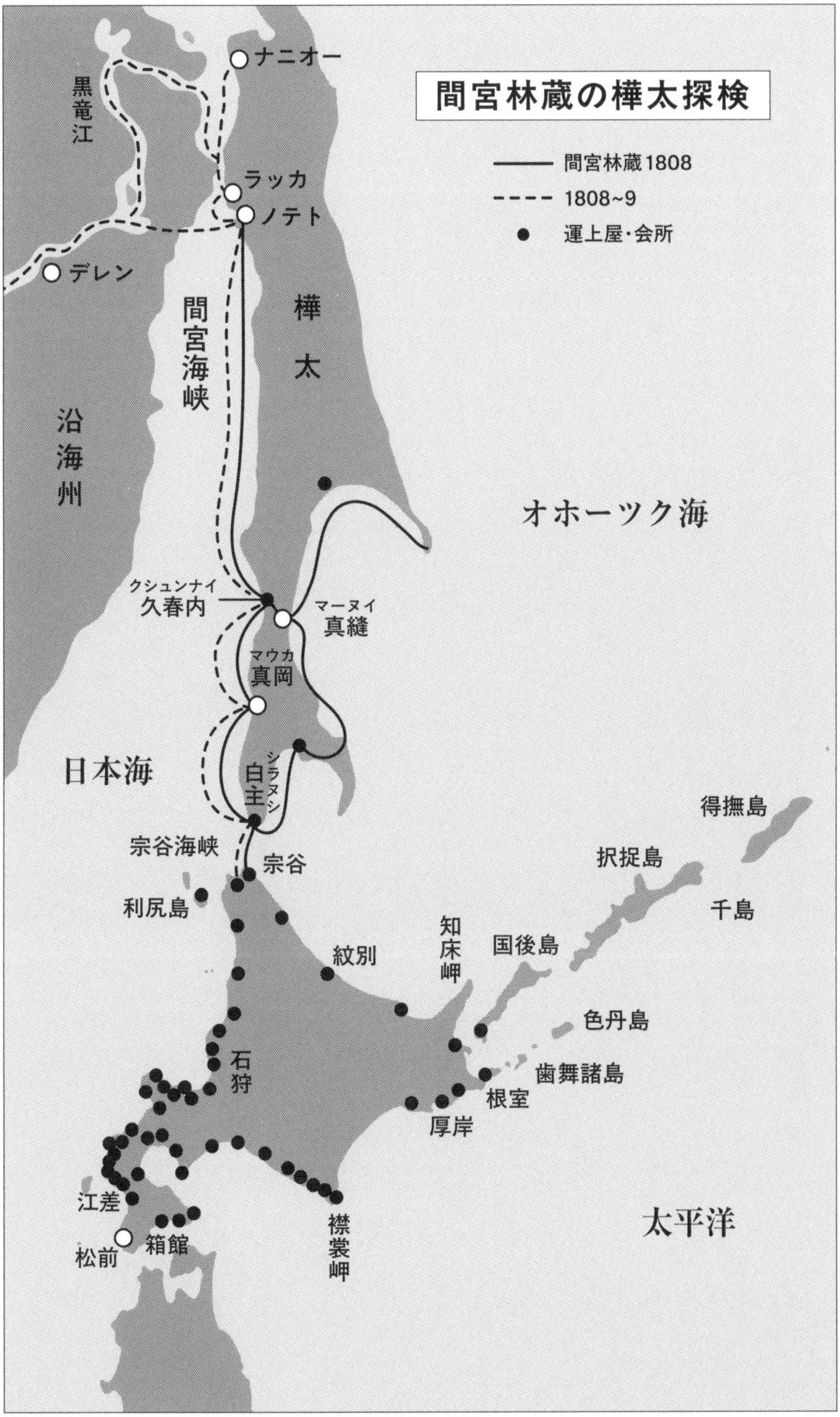

間宮林蔵の樺太探検
間宮林蔵1808
1808~9
運上屋・会所
ナニオー
黒竜江
ラッカ
ノテト
デレン
間宮海峡
樺太
沿海州
オホーツク海
久春内《クシュンナイ》
真縫《マーヌイ》
真岡《マウカ》
日本海
白主《シラヌシ》
宗谷海峡
宗谷
得撫島
択捉島
千島
利尻島
知床岬
国後島
紋別
色丹島
石狩
歯舞諸島
根室
厚岸
江差
太平洋
襟裳岬
箱館
松前

このの ち大阪の作家司馬遼太郎《しばりょうたろう》が昭和四十三年に小説『坂の上の雲』を発表する。大坂の講談師・南豊亭永助と大阪の作家司馬遼太郎が、ともに日露戦争に関する長編を書いていることは不思議な気がする。司馬遼太郎の『坂の上の雲』はベストセラーになったが、南豊亭永助はロシアとの友好・非戦を模索していた幕府の逆鱗に触れ、厳罰に処されてしまった。

ロシア艦長ゴローニンとの和解

そもそもわが日本は、軍事超大国ロシアとどう向き合うべきなのか?

実は、文化露寇の責任を問われて文化四年(一八〇七年)十一月に罷免された前松前奉行の羽太正養《はぶとまさやす》は、蝦夷地取締御用掛に任命された寛政十一年(一七九九年)から松前奉行を罷免される文化四年までのことを『休明光記』『休明光記遺稿』という記録として残した。

これは、幕府外交に関する第一級の史料である。このなかに文化露寇(文化三年~文化四年)について、『露西亜《ロシア》人ら乱暴につき江戸にて御評議のこと』と題する一文がある。

これによれば、江戸における幕府の重要会議で提議された意見のなかに、

「長崎における清国との貿易を停止し、ロシアと貿易を開いたほうがいい。清国との貿易では日本から貴重な銅を輸出し清国から薬種などを輸入しているが、薬種は既に国産化で

きているから輸入する必要はない。そもそも清国は日本に正式な使節を派遣していないし、清国商人には無礼な者が多い。一方、ロシアは二度にわたって使節を派遣し、信義を尽くしている。これに応えてロシアと国交を開き、国境を定めたうえ、交易を開始すべきである。

ロシアのような軍事超大国が信義を尽くして交易を乞《こ》うているのに、わざわざ恥辱を与えて戦端を開くなど愚の骨頂である。ロシアの望みを容《い》れて交易を認めるなら、宿願を果たしたロシアは、わずかな島々など喜んで返却するだろう。ロシアとの交易では、わが国にとって貴重な金・銀・銅などの輸出を禁じ、俵物（蝦夷地でとれたアワビ、海鼠《なまこ》、鱶《フカ》ヒレなどを干して俵に詰めたもの）や塩など食料や衣類やロウソクなど生活必需品を輸出すればよい。

わが国が世界第一の軍事超大国ロシアと交際していれば、イギリス、アメリカなど凶暴な野蛮国がわが国を武力で征服しようとしても手を出しかねるであろう」

という日露同盟による安全保障論が論じられていた、というのである。

幕府要路の間に、こういう卓見もあるにはあったのである。

これはペリー来日（嘉永六年＝一八五三年）の約五〇年前のことである。

こうした多角的な議論の末、幕閣の最終結論は、

「ロシアとの交易は行わず、紛争を避けるべく慎重な態度を保ちつつ、海防に努める」

という、最も無難な決定に落着した。

幕府のこの冷静さは、まことに思慮深いものだった。

実はロシアでは樺太や択捉島で乱暴狼藉を働き、米、酒、衣類、旧式大砲などを分捕って意気揚々とオホーツクへ凱旋したフヴォストフ中尉は、同地の長官ブハーリン大佐から、

「お前がやったことは海賊行為だッ！」

と断罪され、日本での戦利品を没収され、投獄されてしまったのだ。

フヴォストフ中尉が、

「上司のレザノフの命令に従っただけだ」

と言ったとしても、レザノフはすでに病没している。不満を強めたフヴォストフ中尉は、その後脱獄して逃げた。

ロシア側の事情がこうなのだから、幕府の冷静な対応は妥当だったといえる。

羽太正養の後任の松前奉行河尻春之《かわじりはるゆき》（旗本）は、老中からの、

「蝦夷地の警衛をいかが沙汰すべきや」

との問いに対する答申書において、真っ先に、

「『ロシアなど恐るるに足らず』と言えばいさぎよいが、民命に係わる浅見である」（『蝦夷地取計方ノ義ニツキ申シ上ゲ候書付』）

と述べて、将軍家斉の寵臣老中土井利厚を真っ向から批判した。そして、

「警備を担当した仙台藩と会津藩は、わずか二〇〇〇～三〇〇〇人の兵を出すだけで疲れ果てている。民命を申し候えば、ロシアと戦争になれば矢玉にあたり、風波に没し、死亡する者が何人も出るだろう。国の民が難渋すれば、不慮の変事が起きかねない。だからわが国は冷静さを保って、ロシアに非があればそれを論難し、我に非があれば理を尽くすべきである。自分のような低い身分で老中（土井利厚のこと）を批判する意見を述べることは死罪に当たるほど無礼なことだが、今は至極大切の場合だから、黙止しがたく申し述べた」

とした。河尻春之は骨も実もある旗本だったのである。

河尻春之の墓

河尻春之（松前奉行は文化六年〈一八〇九年〉七月まで）の答申書を読んだ老中らは、

「状況に応じて、臨機応変に対応すべし」

と命じた。そこで春之は、

「二度にわたり使節を派遣し信義を尽くしているロシアと国交を開き、国境を定めたうえ、交易を開始すべきである。わが国が軍事超大国ロシアと交際していればイギリス、アメリカなど凶暴な野蛮国がわが国を武力で征服しようとしても、手を出しかねるだろう」

と考え、文化露寇の際に拉致されたまま帰国を許されず、通訳としてロシアに留め置かれた五郎治らでも読めるように、平易な口語体で、

「ロシアが本当に交易したいなら、勾留した日本人すべてを帰国させたうえ、交易を願い出るべし。来年六月頃、樺太にて会談する用意がある」

との手紙を送った。しかしレザノフはすでに病没し、フヴォストフ中尉は海賊行為の咎《とが》で入牢し、その後脱獄。ロシアとの貿易交渉のパイプは途切れしまっていたのである。

こうしたなか、ロシア軍艦ディアナ号の艦長ゴローニン大尉が文化八年（一八一一年）に測量のため蝦夷地へ来航して国後島で捕縛され、約二年間、日本に抑留された。

これが「ゴローニン事件」である。

南千島の測量を行っていたゴローニンは、文化八年五月二十七日（一八一一年七月五日）、

国後島の泊湾へ入港した。ゴローニンは、ここで船に副艦長リコルドを残し、数人を率いて国後陣屋を訪れ、松前奉行支配調役・奈佐瀬左衛門《なさせざえもん》に薪水の補給を願うと、昼食の接待を受けた。こののち奈佐瀬左衛門は、

「補給して良いか否か、松前奉行の許可を得るまで人質を残してほしい」

と懇請したが、ゴローニンは人質提供を拒否して船に戻ろうとしたので捕縛された。

副艦長リコルドは船でオホーツクへ戻り、事件を海軍大臣に報告した。

ゴローニンは松前に移され幽閉された。

幕府は上原熊次郎《くまじろう》、村上貞助《ていすけ》、馬場貞由《さだよし》らにゴローニンからロシア語を学ばせた。

ゴローニン

　このほか、間宮林蔵がロシア事情を知ろうと毎日通って酒や鍋を振る舞い、手土産として壊血病予防のためレモン、みかん、薬草を与えた。

　一方、副艦長リコルドは、

「人質交換によりゴローニンを奪還しよう」

と考え、文化九年八月十三日（一八一二年九月十八日）、干魚を積んで国後島の沖合を通りかかった高田屋嘉兵衛の「観世《かんぜ》丸」を拿捕し、嘉

副艦長リコルド

兵衛をカムチャツカ半島のペトロパブロフスクへ連行した。

ペトロパブロフスクに連行された高田屋嘉兵衛は、十二月八日（和暦）、リコルドに、

「ゴローニンが捕縛された理由はフヴォストフの暴虐（文化露寇）に対する報復である。ロシア政府がフヴォストフの蛮行を謝罪する文書を提出すれば、ゴローニンは釈放されるだろう」

との解決策を提案した。リコルドはこのときカムチャツカ長官を兼任していたので、みずから長官名義の謝罪文を書き、ゴローニン釈放の交渉に赴くこととした。

なお偶然の一致だが、首席老中松平信明はロシアとの紛争を拡大させないため、

「ロシア政府がフヴォストフの襲撃は皇帝の命令に基づくものではないことを公的に証明すればゴローニンを釈放する」

との方針を定め、松前奉行にロシアへの説諭書『魯西亜船江《へ》相渡《あいわたし》候《そうろう》諭書』を作成させ、松前奉行はゴローニンに翻訳させた。

幕府による事件解決のための考え方は、高田屋嘉兵衛の予想とピタリと一致していたの

である。

嘉兵衛とリコルドがペトロパブロフスクを出港し、文化十年（一八一三年）五月二十六日に国後島の泊に着き、嘉兵衛が陣屋に赴いて経緯を説明すると、前述の『魯西亜船江相渡候諭書』を手渡されたので、嘉兵衛は船に戻ってリコルドに渡した。

リコルドは幕府にリコルド名義の謝罪文を提出したが、リコルドは嘉兵衛を捕らえた当事者だから幕府はこれを拒絶し、ロシア政府高官による公式の釈明書の提出を求めた。

そこでリコルドは、ロシア政府高官の釈明書をもらうため、国後島を出航し、オホーツクへ向かった。

高田屋嘉兵衛が国後島を出発し七月十九日に松前に着くと、松前奉行服部貞勝《さだかつ》（松前奉行就任は文化九年〔一八一二年〕）は、八月十三日にゴローニンを牢から出し、引渡予定地である箱館へ移送してゴローニンの解放に備えた。

一方、リコルドはオホーツクへ戻ってオホーツク長官の釈明書を入手し九月十七日に箱館へ入港して、松前奉行所に提出した。九月二十一日のことである。松前奉行・服部貞勝はロシア側の釈明を受け入れ、九月二十六日にゴローニンを解放した。

このとき松前奉行所は文書（『松前吟味役より覚』）をもってリコルドに、

「使節ラックスマンおよび使節レザノフにキリシタン禁制をきつく申し聞かせたが理解しなかったようなので、再度申し渡す。わが国のキリシタン禁制の趣旨を受容しないなら、交易はまかりならん」

と念を押した。この文面からも幕府がキリスト教布教をいかに恐れていたかがわかる。

そして大量の食料を無償で贈った。こうしてゴローニン事件は解決した。

ディアナ号は九月二十九日に箱館を出港しペトロパブロフスクに帰着。ゴローニンとリコルドはロシア政府から賞され、中佐に昇進し年間一五〇〇ルーブルの終身年金を与えられた。

高田屋嘉兵衛はゴローニン事件解決の褒美として、幕府から金五両を下賜された。

ゴローニンは帰国後、日本での捕囚生活を手記『日本幽囚記』に著している。

この本は、ヨーロッパ各国の知識人たちに広く読まれ、興味を引いたようで、「歌の翼に」などの作品でも知られるドイツの詩人、ハインリッヒ・ハイネは、友人に対して「僕は地球上で最も洗練され、都会的な民族である日本人になりたい」という手紙を送ったことが知られている。また、ニコライ・カサートキンはこの本を読んで、「日本にロシア正教を伝来させる」という強い決意を持つようになったことも有名だ。ゴローニンの『日本幽囚記』がなければ、東京・お茶の水のニコライ堂も建っていなかったということだろう。

日露友好の碑（函館市）

同書はオランダ商館を経《へ》て江戸にもたらされると馬場貞由《さだよし》らにより翻訳され、文政八年（一八二五年）に『遭厄日本紀事』として出版され、高田屋嘉兵衛も読んだという。

　こののち、ゴローニンは海軍中将に昇任、リコルドは海軍大将に昇任する。ロシアでは伝統的に、日本との関係改善に資した人間を特進的に厚遇するようである。

　老境に達したリコルドは弘化元年（一八四四年）に高田屋嘉兵衛へ手紙を書き、「賢明にして善良な日本人たちが『ロシア人は平和的な国民であり、日本との友好と良き合意以外に何も望んでいない』と信じるようになった幸せな時代を生きたことを感謝する」

　と述べた。ペリー来日（嘉永六年＝一八五

三年）の九年前のことである。

しかし、高田屋嘉兵衛は既に文政十年（一八二七年）に五十九歳で死去していたから、リコルドの手紙は嘉兵衛には届かなかった。

リコルドは、日露和親条約が結ばれる安政元年（一八五五年）に没している。

このの ち平成十一年（一九九九年）に高田屋嘉兵衛生誕二三〇周年の記念事業としてゴローニンとリコルドの子孫が来日し、高田屋嘉兵衛の子孫と再会。函館市に「日露友好の碑」が建立された。

なお、がんばりぬいた首席老中松平信明だが、文化十四年（一八一七年）八月十六日、精も魂も尽き果てたか、首席老中在任のまま死去（享年五十五）した。

3 苦渋に満ちた「天保の改革」の意味

首席老中水野忠成《ただあきら》の収賄政治

「寛政の遺老」の中心人物だった松平信明《のぶあきら》が首席老中在任のまま文化十四年（一八一七年）に病死すると、将軍家斉《いえなり》は一年後の文政元年（一八一八年）八月二日に寵臣の側用人水野忠成《ただあきら》を首席老中に任じた。水野忠成は、のちに「天保の改革」を行う水野忠邦《ただくに》とは別系統の人物であり、将軍家斉の放埒《ほうらつ》を諫《いさ》めることなく、自身も贈収賄を奨励して放漫な政治を行い、天保五年（一八三四年）二月に死去するまで一六年間にわたり幕政を専断する。

首席老中水野忠成は田沼時代をはるかに上回る空前の賄賂政治を行ったので、幕政の腐敗と綱紀の乱れは頂点に達し、松平定信と寛政の遺老が成し遂げた寛政の改革の遺産は食いつぶされて幕府の財政は悪化し、放漫政治で社会に退廃的風潮がはびこった。

蝦夷地は前述のとおり幕府の直轄領になっていたが、復領を目論む旧松前藩主松前章広《あきひろ》は、首席老中水野忠成に猛烈な賄賂攻勢を仕掛けた。また松平信明の尽力によりゴローニン事件が解決（文化九年〈一八一二年〉）して日露の緊張状態が緩和したこともあり、首席老中水野忠成は文政四年（一八二一年）十二月七日に蝦夷地一円を松前藩に返還した。

蝦夷地が松前藩に返還されると、かつて松平定信がアイヌ民を保護すべく、「アイヌ民が悪徳商人の中間搾取に反発しているから、幕府の手で悪徳商人の中間搾取を排除して公正な商取引を実現し、アイヌ民を保護しよう」

として制度化した御救交易は廃止された。そして松前藩は、賄賂原資回収と復領御礼金一万両捻出の財源確保のため、かつての場所請負制を復活させた。

このため場所請負商人によるアイヌ民への搾取が復活し、アイヌ民は再び苦境に追い込まれたのである。

「フェートン号事件」に象徴されるイギリスの傲慢と暴虐

わが国にとっての脅威はロシアではなく、〝最凶国イギリス〟だった。

このことを認識させられたのが、第十一代将軍家斉・首席老中松平信明の文化五年八月十五日（一八〇八年十月四日）に、イギリス軍艦が西の玄関口である長崎湾に強行侵入して長崎奉行が切腹した「フェートン号事件」である。

長崎は、かつてポルトガル船が入港してキリスト教を広め、ついには「島原の乱」が勃発して幕府を揺るがし、幕府が鎖国に踏み切った因縁の地である。

だから幕閣は最凶国イギリスの強引なやり方に恐怖した。

「フェートン号事件」が起きた背景は、ヨーロッパ情勢の緊迫化にあった。

一七八九年にフランス革命が勃発し、国王ルイ十六世が一七九三年一月二十一日にギロチンにかけられるとヨーロッパ中が震撼し、反革命を目指すイギリス、オランダ、スペインなどが対仏大同盟を結成した。これに対しフランス軍は、オランダへ猛攻を仕掛けて一七九五年に占領。ナポレオンの弟ルイ・ボナパルトが一八〇六年にオランダ国王になった。

オランダ本国がフランスに支配されると、世界各地のオランダ植民地はバタヴィア（ジャカルタ）を含め、すべてフランスの支配下に置かれた。

一方、イギリスはフランスに対する敵意を剝《む》き出しにし、フランス領となったオランダの海外植民地を攻撃。イギリス艦隊は一八〇六年にバタヴィアを襲撃し、さらに東シナ海の各港へ避難したオランダ船を追撃した。そしてイギリス軍艦フェートン号がオランダ船を発見・拿捕・撃沈すべく長崎湾に強行侵入した。これがフェートン号事件なのである。

フェートン号はオランダ国旗を掲げ、オランダ船のふりをして長崎湾に入ったので、これを信じたオランダ商館員のホウゼンルマンとシキンムルの二名が水先案内のため小舟で漕ぎ寄せたところ、拉致された。そしてフェートン号はオランダ国旗を降ろすとイギリス国旗を掲げて正体を現したうえ、オランダ船が島陰などに隠れていないか探索すべく、湾内へと深く侵入したのである。かかる事態に長崎奉行松平康英《やすひで》は、フェートン号に、

「イギリス船の入港は国禁である。オランダ商館員を解放し、直ちに出航せよ」

と書状で要求した。しかしフェートン号からは、

「オランダはイギリスの敵である。長崎奉行はフェートン号に水と食料を提供せよ」

との居丈高な返書があっただけだった。

長崎奉行松平康英はフェートン号を焼討ちまたは拿捕しようとしたが、配下の長崎御番《ごばん》（長崎を警護する役目）の佐賀藩は天下泰平の惰眠を貪り、一〇〇〇名の警備兵を駐屯させておくべきところ、一〇分の一の約一〇〇名しか駐屯していなかった。そこで大村藩、久留《くる》米《め》藩、熊本藩、薩摩藩など九州諸藩に応援の出兵を命じたが、援軍が到着するには当然時間がかかる。

一方、フェートン号は、翌十六日、二人の人質のうちシキンムルを手元に残し、ホウゼンルマンだけを釈放したうえ、代償として水・食料・薪の提供を要求し、

「要求を飲まなければ、湾内の日本船を焼き払う」

と最後通牒を突き付けた。そして長崎湾内をくまなく巡視・探索した。

長崎奉行松平康英の墓

松平康英はシキンムル商館員を人質に取られているうえ、充分な兵力もないので、なす術《すべ》もなく、

「水は腐るから一日分を提供する。明日以降の分は、明日以降に充分な量を提供する」

と述べて水は少量だけを提供し、応援兵力が到着するまで時間稼ぎをすることとした。

長崎奉行所が一日分の水と食料（米・野菜・豚・牛・ヤギなど）と薪を小舟に積んでフェートン号に送ると、フェートン号は二人目の人質シキンムル商館員も釈放した。

暦が替わって十七日未明、近隣の大村藩兵が長崎に到着した。そこで松平康英はフェートン号を焼討ちする作戦準備に入ったが、その間にフェートン号は長崎湾外へ去った。

結果的には日本側に人的・物的な被害はなく、人質のオランダ商館員も解放された。

しかし長崎奉行松平康英は、イギリス軍艦が長崎湾内を好き勝手に巡視・探索したのみならず、水・食料・薪の提供要求に応じざるを得ず、フェートン号の退去後、出入国管理の不手際により国威を辱めた屈辱と憤怒のあまり、切腹した。

約一〇〇名しか駐屯させていなかった佐賀藩では家老等数人が切腹し、佐賀藩主鍋島斉直《なべしまなりなお》は閉門百日の罰を受けた。

ナポレオンの幻影

日本側では、フェートン号事件がナポレオン戦争の余波であるということはわかっていなかった。

フェートン号事件が起きると、鋭敏なる蘭学者大槻玄沢《げんたく》（『蘭学階梯』の著者）は、

「欧州で何か大異変が起きているらしい」

と感じ、いろいろ探りを入れてみた。

しかしオランダ商館員は、あまりにも恥ずかしすぎて、

「オランダ本国はフランス軍に占領され、ナポレオンの弟ルイ・ボナパルトがオランダ国

王になりました。オランダの海外植民地はフランス領になりましたが、イギリス艦隊の攻撃を受け、バタヴィア（ジャカルタ）も陥落しました。いま世界のなかでオランダの国旗が立っているのは、ここ長崎の出島だけです。私たちオランダ商館員は、行くところもない風前の灯です。徳川様のご庇護だけが、私たちオランダ商館員の頼りなのでございます。なにとぞ行く先もなく彷徨《さまよ》う我らオランダ人をお救いくださいませ」

という惨めな真実を語らなかった。

だから、大槻玄沢は欧州情勢がわからなかったのである。

日本人が初めてナポレオンについて知ったのは、儒学者頼山陽《らいさんよう》が文政元年（一八一八年）に長崎遊学の際、出島のオランダ人医師からナポレオンのことを聞いて『仏郎《フランス》王歌』というナポレオンを賛歌した漢詩を作ってからのことである。だが、この年（一八一八年）、既にナポレオンは失脚してセント・ヘレナ島で囚われの身になっていた。

オランダ人医師は、オランダを征服したナポレオンが没落したから語ったのだろう。

こののち高橋景保《かげやす》がナポレオンの伝記として、『丙戌異聞《へいじゅついぶん》』を文政九年（一八二六年）に上梓。蘭学者小関三英《こせきさんえい》が文政十三年（一八三〇年）頃からナポレオンの伝記『ホナハルティ伝』の執筆を始めるが、完成前に「蛮社の獄」に連座して自刃し、未完となる。それでも未完ながら多くの日本人に筆写され読まれた。

大塩平八郎《おおしおへいはちろう》の乱――天下の台所・大坂で米不足が深刻化した理由とは？

首席老中水野忠成の在任期は爛熟した文化文政の時代となり、将軍家斉は放漫な浪費を重ね、大奥の生活は華美に流れ、商人の経済活動も活発になり江戸文化の花が開いたが、華美な貨幣経済に憧れて耕作を放棄し、都市へ流入する者が多く農村は衰亡した。

だからいったん天候不順となって凶作になると飢饉に襲われた。

天保四年（一八三三年）は冷夏になって収穫高が例年の半分以下という大凶作になり、「天保の大飢饉」が始まった。

天保の大飢饉のさなかの天保五年（一八三四年）二月二十八日に首席老中水野忠成が病没し、大坂では喪に服すため歌舞音曲が禁止された。このとき元大坂町奉行所与力大塩平八郎は水野忠成の死去について、伊勢の儒学者斎藤拙堂《せつどう》への三月十八日付の書状で、

「泣く者が多いのか、喜ぶ者が多いのか、自分には分からない（原文：哭《な》く者多きか、賀《が》す者少なきか、僕いまだ之を知らず）」

と強烈な感想を伝えた。

この頃から大塩平八郎は水野忠成への批判を強めていたのである。

首席老中水野忠成が死去して老中のポストが一つ空くと、のちに首席老中になって「天保の改革」を行う水野忠邦が天保五年三月一日に老中に任ぜられた。

しかし水野忠邦は新任の一介の老中に過ぎないのだから、慎重にふるまっていた。

そして内政はなお将軍家斉の側近らが権勢をふるう腐敗政治が続いて天下は乱れ、世情は緩み、幕府に対する世間の不満が次第に高まっていた。

天保の大飢饉は年々悪化し、天保七年（一八三六年）の収穫高は例年の約三割と、最も厳しい状況になった。かかるなか、米屋や富商は米価の先行き高騰を見込んで米の買占めを行ったから庶民層は窮迫し、全国で百姓一揆や打ちこわしが多発した。

前述の寛政の改革を行った松平定信が言うように、「農村VS都市」の貧富の差を是正することなく米の買い占めなど米屋や富商の投機や自由な商取引を無制限に容認すれば、米価が高騰して庶民の口に入らなくなり、農村では一揆が、都市では打ちこわしや暴動が起きて政権の危機を迎える。幕政下で何度も見てきたお定まりのコースが再発するのである。

天保の大飢饉により、天保七年末から天保八年初にかけて大坂だけで四〇〇〇〜五〇〇〇人が餓死した。

大坂城代土井利位《としつら》（古河藩主）は、レザノフへの対応に大失敗した前述の老中土井利厚（古河藩主）の養子で、養父土井利厚と同じく、将軍家斉の愛妾お美代の方をつうじて家斉への付け届けを怠らず、天保五年（一八三四年）四月に大坂城代になった。

大坂城代は、京都所司代《しょしだい》を経て老中へと昇進する出世コースである。土井利位の最優先事項は、さらに出世して老中になるため、将軍家斉の寵を失わないことだった。だから土井利位は米不足で大坂市中に餓死者が出ているのに、将軍家斉の機嫌をそこねぬよう将軍おひざ元の江戸へ大量の米を送っていた。さらに「天下の台所」の大坂の富豪・富商は利に敏《さと》く、「米価の先行き高騰」を見込んで「米の買占め・売り惜しみ」に狂奔し暴利を得ていた。

だから大坂での米不足が深刻化したのである。

前述のとおり、将軍家斉は文化露寇が起きると恐怖のあまり戦慄して祈禱をさせ、七日間塩を口にしなかった。その醜態を見てすっかり困り果てた側近らは、以来、

「全国的に飢饉が生じて、米不足であり、一揆や打ちこわしが起きるかもしれません」

という不都合な真実を一切家斉に報告しなかった。大坂城代土井利位もこれに呼応し、

「飢饉など起きておらず、米は充分にあるので、何の心配もいりません」

と、飢饉という真実を隠蔽し、将軍家斉の寵を保持すべく江戸へ大量の米を送ったのだ。

大坂の米不足は天保八年に入ると一段と深刻化した。全国からの年貢米が大坂へ集まって来るが、大坂城代土井利位は餓死者が出ている大坂民衆の窮状を省みず大量の米を江戸へ送り、大坂の富商は米価の高騰を見込んで米の買占めに狂奔したからである。

かかるなか、「大塩平八郎の乱」が天保八年（一八三七年）二月十九日に勃発した。放漫政治を行った首席老中水野忠成が病没（天保五年）し、のちに「天保の改革」を断行する老中水野忠邦が首席老中（天保十年《一八三九年》～）になる間の出来事である。

大塩平八郎はかつて大坂町奉行所の与力で、文政十三年（一八三〇年）に隠居したのち自宅にひらいた私塾「洗心洞」で陽明学を講じていたが、大坂民衆の苦境を見かねて大坂町奉行に備蓄米放出や富商の買い占め禁止を献策した。しかしこれを拒否され、三井や鴻池《こうのいけ》など富商に窮民救済を要請したが、これも無視された。そこで大塩は、天保八年二月初旬、自らの蔵書五万冊を売却して得た六百六十両余を、約一万人の貧民に各々金一朱ずつ与え、この救済に当たった。

決意を固めた大塩平八郎は家族を離縁し、家財を売却して大砲・砲弾を用意のうえで、天保八年二月十九日午前八時頃、大坂天満橋《てんまばし》にあった自邸に火をかけて決起した。近郷の農民や大坂町民など総勢三百人余りの勢力となり、先頭に「救民」という旗を掲げ、左右に天照皇太神宮・八幡大菩薩の幟《のぼり》を立て、先陣は大筒二門を引き、本陣は大塩平八郎が門人らを従え、後陣は大筒・小筒が続いた。一行は道中いたることところで大筒を撃ち、火矢を放ち、焙烙玉《ほうろくだま》（焼夷爆薬のこと）を投げ、抜き身の槍・長刀《なぎなた》を振り回しながら進んでいった。彼らは米の買い占めを行っていた三井や鴻池らの豪商に対する怒りを募らせ、大砲を撃ったり火矢を放ったので火災が大きくなった。

大塩勢三百余人は奉行所の部隊と大坂各所で衝突し銃撃戦となったが、やがて蹴散らされ、ほぼ半日で鎮圧された。大塩は大坂商人美吉屋《みよしや》五郎兵衛に匿《かくま》われていたが、三月二十七日早朝、潜伏先を大坂奉行所に包囲されると、火薬に火をつけて自爆した。

水戸藩主徳川斉昭《なりあき》の危機感

挙兵は半日で鎮圧されたが、町奉行所与力だった大塩という武士が大坂という幕府直轄地で決起して、檄文により政治思想を広宣し、銃撃戦が展開された結果、大坂市中に大火災を生じるなど、従来の一揆とは様相が異なっていたから、上は幕閣から下は庶民まで大きな衝撃を与えた。

これ以降、全国各地で一揆が頻発して不穏な情勢が続き、幕藩体制崩壊の予兆となる。

こうした時局を憂いた水戸藩主徳川斉昭《なりあき》は、幕政改革を促すため将軍への建白書『戊戌《ぼじゅつ》封事《ふうじ》』を著したが、将軍家斉とその側近らには、もとよりまともな政治を行おうという意思がないのだから、「建白しても実行されない」と考え、結局、提出しなかった。

将軍家斉は、大塩平八郎が自爆した翌月の天保八年（一八三七年）四月二日に将軍を辞任して大御所となり、嫡男家慶《いえよし》が五カ月に及ぶ諸行事を終えて、同年九月二日に第十二代の新将軍になる。

〝切れ者〟水野忠邦が首席老中へ昇任

老中水野忠邦は仕事のできる男だった。

登城すると、膝《ひざ》を没するほど多数の書類を右から左へ水の流れるように決裁し、長文の伺書《うかがいしょ》などもさらさらと巻き返すだけでその意味を理解して適切な指示を与えたので、関係者を唸《うな》らせた。

また忠邦は、家斉が将軍を辞して家慶が将軍に就任する諸行事を無事に取扱って大御所家斉と将軍家慶の信頼を得るようになり、幕閣における地位は揺るぎないものとなった。

幕藩体制の衰亡に危機感を抱いた水戸藩主徳川斉昭は、老中水野忠邦の才気と実行力を見て、

「老中水野忠邦こそ、幕政改革の断行には最適の逸材だ」

と判断し、天保九年（一八三八年）九月、忠邦に『時弊二十三カ条』を送って幕政上の問題点を指摘した。一方、老中水野忠邦は、徳川斉昭の言動について、

「御三家が幕閣に意見するのは越権行為である」

と不快感を持った。しかし徳川斉昭は当代一級の見識をもつ人物であり、斉昭の強引な性格を無視することは危険なことだし、水戸家の御三家という立場の重みも考慮して、

「一々適切なご指導であり、水戸殿のご慧眼に恐れ入った」

とソツなく回答した。これを受けた徳川斉昭は、翌天保十年（一八三九年）六月、

「いよいよ時節が到来した」

と判断。ながらく手元で温めていた『戊戌封事』に副署をそえて将軍家慶に呈上し、

「かつて三代将軍家光が長崎奉行を『内戦で幕府が倒れても、領土は勝った日本人の手に移るだけだから構わないが、わが国の領土が一寸なりとも外国の手に渡れば日本国の恥辱である』と諭したことは金言である。日本を征服しようとしている欧米列強の外患を防ぐため、①キリスト教の厳禁、②大船建造の許可、③北海道開拓などに取り組むべし」

としたうえで、

「幕政の刷新には人材の登用が何より大事で、幕閣の中では水野忠邦が第一の人材であ

る」

と、水野忠邦の登用を促した。

こうして水野忠邦は、天保十年十二月二日、ヒラの老中から首席老中へと昇任した。

幕府はアヘン戦争をどう見ていたか？

お隣の清《しん》で一八四〇年（天保十一年）六月にアヘン戦争が勃発した。

このときは家斉の大御所時代で、首席老中は水野忠邦だった。アヘン戦争は一八四二年（天保十三年）八月まで二年間にわたって続く。

当時、イギリスは清から茶・陶磁器・絹を輸入し、アヘンを清へ輸出して巨利を得ていた。アヘン貿易は年々拡大してアヘンが清への最大の輸出商品となり、一八三〇年代になるとアヘン購入代金として清から大量の銀が流出し、諸物価高騰など清の経済を圧迫した。

これを問題視した道光帝《どうこうてい》は、林則徐《りんそくじょ》を欽差大臣《きんさ》（特命全権大臣のこと）に任じてアヘン貿易を取り締まらせた。林則徐は一八三九年に広東《かんとん》へ赴き、外国商人が保有するアヘン二万箱を没収し、焼却処分とした。そして各国商館に「今後、アヘンを清国に持ち込まない」という誓約書を一八三九年三月二十一日までに提出するよう要求した。

イギリス商人以外は、林則徐にアヘンを販売しない誓約書を提出して貿易を続けた。

アヘン戦争

しかしイギリスから広東へ派遣された貿易監督官エリオットは、イギリス外相パーマストンの意を受け、現地のイギリス商人にアヘンを販売しない誓約書の提出を禁じた。そこで林則徐とイギリスの対立が深まり、イギリス商人は貿易の道が完全に断たれた。

かかる事態にイギリス外相パーマストンは対清開戦を決意し、一八四〇年二月、現地に赴《おもむ》くイギリス艦隊指揮官らに、

「主要港を占領して揚子江と黄河を封鎖し、清国に不平等条約を押し付ける」

よう訓令。アヘン戦争は一八四〇年六月二十八日に開戦となった。

イギリス艦隊（イギリス軍艦一六隻、東インド会社所有の汽走砲艦四隻、陸軍兵士四〇〇〇人）

は、清国兵が密集していた広州湾を封鎖したのち、防備が手薄な北方へ移動。清国軍のジャンク兵船を次々に沈め、廈門《あもい》を攻め舟山《しゅうざん》を攻略するなど沿岸地域を次々に制圧して天津の沖合に至り、首都北京を攻略する姿勢を示した。

やむなく道光帝は降伏し、一八四一年一月二十日にイギリスと「川鼻《せんび》条約」を締結し、
一、香港の割譲。
二、広東貿易の早期再開。賠償金六〇〇万ドルの支払い。
などが取り決められた。そこでイギリス軍は撤収した。

しかしイギリス軍が撤収すると清では強硬派が盛り返し、川鼻条約は守られなかった。そこで戦闘が再開され、イギリス艦隊は一八四二年（天保十三年）五月から再び廈門、寧《ね》波《は》、舟山を攻撃。揚子江口の呉淞《ごしょう》要塞を攻略して揚子江を遡上し、七月に鎮江《ちんこう》を陥落させるや、さらに揚子江を遡上して南京城の前面に砲列を敷いた。

やむなく道光帝は再び降伏し、一八四二年八月二十九日に「南京条約」を調印。アヘン戦争は清の敗北となって終わる。

アヘン戦争の顛末は、オランダ風説書によって逐一幕府に伝えられていた。第一報はアヘン戦争開戦一年前の天保十年（一八三九年）六月二十四日付オランダ風説書である。これ

は同日長崎へ入港したオランダ船ヘンリエッタ号がもたらした情報をもとに、「清国政府が北京でアヘンを吸引した者を厳罰に処した。さらに清国政府はイギリスのアヘン貿易を禁止するため、欽差大臣林則徐に『外国商人が保有するアヘンをことごとく没収する』よう厳命して広東に派遣した。このためイギリス商人は窮地に陥っている」と戦争前夜の緊迫した空気を伝え、一カ月後の七月頃に江戸の幕閣にもたらされた。

翌天保十一年（一八四〇年）六月にはオランダ船ニューローデ号が長崎へ入港してオランダ風説書が作られ、このなかで、

「清がイギリスに対しアヘン没収という無理非道なことを行ったので、イギリスは報復のため軍隊を派遣する（原文：無理非道之事共有之候所、仇を報んが為軍隊を派遣）」

と伝え、イギリス外相パーマストンが対清開戦を決意しイギリス艦隊指揮官に攻撃命令を下したことを幕府に知らせた。

幕府は前述のフェートン号事件を機にイギリスの暴虐に対する警戒心を深めていたから、イギリス外相がイギリス艦隊指揮官に攻撃命令を下したことに強い衝撃を受けた。

かかるなか長崎町年寄高島秋帆《たかしましゅうはん》は、天保十一年九月、西洋砲術の採用を願う上申書（『天保上書』）を長崎奉行田口喜行に提出し、このなかで、

「軍備が遅れた清国は、イギリスと戦えば大いに敗れて滅亡に至るだろう。兵器が優れたイギリス側には一人の戦死者も出ないだろう」

とイギリスの大勝、清の大敗を予言した。

かねてより高島秋帆は、西洋砲術の優秀さを知って長崎の出島のオランダ人から洋式砲術やオランダ語を学び、天保五年（一八三四年）に高島流砲術を完成させていた。この高島流砲術を採用するよう、幕府に願い出たのである。

高島秋帆の西洋砲術演習

この上申書は長崎奉行田口喜行から老中水野忠邦に伝えられた。

こうしてアヘン戦争の最中《さなか》の天保十二年五月九日（一八四一年六月二十七日）に、江戸郊外の徳丸《とくまる》ケ原《はら》（今の東京都板橋《いたばし》区高島平《たかしまだいら》。高島秋帆を記念してのちに高島平に改称された）で、高島秋帆により日本初となる洋式砲術と洋式銃陣の公開演習が行われる。

かかるなか、首席老中水野忠邦は心を許す川路《かわじ》聖《とし》謨《あきら》（当時は佐渡《さど》奉行だった）に、天保十二年一月七日付書簡にて、

「清国がアヘン貿易を厳禁したのでイギリス商人は不満を抱き、四〇隻のイギリス艦隊が攻撃を仕掛けて寧波《にんぽー》に攻め寄せ戦争となり、寧波の一部はイギリス軍に占領された。わが国の浦賀《うらが》の防御はどうすればよいのか。まともな議論すら行われていないので心配でたまらない（原文：清国、阿片通商厳禁之不取計より、イギリス人抱不平、軍艦四拾艘計、寧波府に仕寄戦争、寧波県一部被奪取候由。浦賀防御之建議未定、不束之事どもに候）」

と嘆息した。

また海外情報の収集・分析を行っていた幕府天文方の渋川六蔵《ろくぞう》は、天保十二年八月、首席老中水野忠邦に幕政改革意見書を提出し、そのなかで、

「近年、イギリスが貿易問題を不満として清国に戦争を仕掛けたとのことである。おそらく清国は敗北・滅亡するだろう。もし清国がイギリスに敗北・滅亡したら、勢いに乗ったイギリスはわが日本に攻めかかってくるのではないか（原文：近年清国へイギリスと申候外夷より交易之儀に付、及戦争申候。追々風聞之趣にて、清国敗亡も難計、万一敗亡仕候はば、勢いに乗じ本邦之取掛り可申候）」

との懸念を述べた。こうして幕府内では、一段と危機感が高まったのである。

天保十二年（一八四一年）にはオランダ船の長崎来航はなかったが、天保十三年（一八四

二年）の六月十八日と十九日にオランダ船が入港し、アヘン戦争の経緯を、「一八四一年に川鼻条約が締結され、イギリスが香港《ほんこん》島を領有し、イギリス軍が駐留し、イギリス総督が香港を支配している（原文：エゲレス人香港島を領候。兵を備へ、奉行を居置申候）」

と知らせた。さらにオランダ商館長が幕府に、「マカオでイギリス武官から聞いた話だが、イギリス艦隊が日本へ殺到するかもしれない（原文：此節唐国とエゲレスと其騒動は究て日本に及ぼし候様成行候哉も難計候）」と伝えた。アヘン戦争で清を破ったイギリスは勢いに乗って日本を侵略するかもしれない、というのである。

大国の清がイギリスの圧倒的に優勢な軍事力に敗れたことは、幕末の日本に大きな衝撃をもたらし、イギリスが勢いに乗って日本を侵略するかもしれないという危機感が高まり、速やかな幕政改革が迫られることとなった。

こういう大騒動のなか、大御所家斉は天保十二年（一八四一年）閏《うるう》一月七日に病死した。六八歳であった。

水野忠邦による天保の改革の意義

大御所家斉が死去すると、水野忠邦により同年五月から天保十四年（一八四三年）閏《うるう》九月に至る「天保の改革」が断行された。

前述のとおり水野忠邦は家斉が将軍だった天保五年（一八三四年）に老中となり、家斉が大御所だった天保十年（一八三九年）十二月二日に首席老中となったが、この間は、さすがの忠邦でも家斉の鼻息を伺いながら汲々としているしかなかった。

しかし水野忠邦の本心は松平定信の「寛政の改革」を再現することだったから、大御所家斉が死去すると、将軍家慶の下で「天保の改革」に取り組んだのである。

前述のとおり天保年間は大塩平八郎の乱など内政面で行き詰まったうえ、アヘン戦争など西欧列強の脅威にさらされ、内憂外患のなかにあった。

内政面の行きづまりは、松平定信の「寛政の改革」の成果が、贅沢を極めた家斉の時代に食いつぶされ雲散霧消したことが最大の原因である。さらにアヘン戦争をつうじてイギリスの暴虐と圧倒的に優勢な軍事力が衝撃をもって迎えられ、イギリスが勢いに乗じて日本を侵略するかもしれないという危機感が高まっていた。

かかるなか首席老中水野忠邦は、天保の改革を行うため、まず有能な人材を抜擢した。

水野忠邦

忠邦は天保十一年（一八四〇年）に福山藩主阿部正弘《まさひろ》を寺社奉行に抜擢したほか、遠山の金さんこと遠山景元《かげもと》を北町奉行に登用した。天保十二年（一八四一年）には外様大名の松代《まつしろ》藩主真田幸貫《ゆきつら》を老中に任じた。このほか高島秋帆（砲術方与力）、江川英龍（韮山《にらやま》代官）、佐久間象山《ぞうざん》らが登用され、前述のとおり高島秋帆に天保十二年五月に徳丸ケ原で洋式砲術の操練を行わせ、幕臣江川英龍《ひでたつ》を高島秋帆に弟子入りさせて高島流砲術を学ばせた。

このとき忠邦が抜擢した人材こそが、困難な幕末期にわが日本の針路を正しい方向へ導くことになる。その意味で天保の改革の最大の成果はこの人材登用にあった、といえる。

対外関係において最も肝要なことは、西欧列強と戦火を交えないことである。だから首席老中水野忠邦は、異国船を見つけ次第砲撃して追い払うとする従来からの「異国船打払令」を廃止し、天保十三年（一八四二年）に「薪水給与令」を下して外国船に燃料・水・食料を与えたうえ退去せしめる柔軟路線へ転換した。

また内政面においては水野忠邦は農本主義を基軸とし、幕府の年貢収入を確保するため農民の出稼ぎを禁じた。さらに農村人口を維持して農業生産高を安定させるため、天保十四年（一八四三年）三月に「人返しの法」を下して江戸へ出てきた農民を帰郷させようとした。しかし実効性は乏しかった。

また都市住民の不満の原因である諸物価高騰の抑制を目指し、株仲間解散令を天保十二年（一八四一年）十二月十三日に発布した。しかし流通システムが混乱して経済の停滞を招き、物価引下げにさしたる効果は上がらなかった。

大名・旗本に「国家防衛」の意識なく、上知令に失敗、失脚した忠邦

水野忠邦はアヘン戦争で清を降伏させたイギリスが勢いに乗って日本に攻めかかってくる事態に備えるため、江戸と大坂に海防施設を整備しようと考えた。江戸・大坂の十里四

方を幕府直轄地とするために、天保十四年（一八四三年）六月一日に上知令を発布した。

しかし所領を幕府に返上するよう求められた大名・旗本らには、「先祖が武功により拝領した由緒正しい領地は、加増を伴う栄転的なものや落ち度による懲罰的なものでなければ召し上げられない。幕府といえども領地に手出しはできない」という意識が強く、上知令は大名・旗本らから猛烈な反発を受けた。

上知令は将軍家慶の裁断により、天保十四年（一八四三年）閏九月七日に撤回され、忠邦は閏九月十三日に老中を解任され、失脚した。こうして天保の改革は挫折に終わった。

失脚した水野忠邦の念願であった上知令は、後年、大名・旗本の所領を没収した明治政府によって、初めて実現されることになる。

明治政府は明治二年に東京・築地にあった老中稲葉長門守《ながとのかみ》、老中松平越中守《えっちゅうのかみ》、広島藩主松平安芸守《あきのかみ》、外国奉行村垣季三郎《きさぶろう》、目付渡辺久蔵らの屋敷を接収して海軍操練所を設置した。海軍操練所がのちに海軍兵学校となって広島県の江田島《えたじま》に移転した跡地には、最先端の医術を目指した海軍医学校が設置されて海軍病院が併設された。これが、のちに聖路加《せいろか》病院、国立がんセンターなどになって今日に至る。

第二章

迫りくる開国と英米の傲慢

1 日露和親条約
――ペリーに出し抜かれたプチャーチン海軍中将

ペリー来航

水野忠邦《ただくに》が失脚すると、福山藩主阿部正弘《まさひろ》二十七歳が首席老中に抜擢された。かかるなか、ペリー艦隊が嘉永六年（一八五三年）六月三日に浦賀《うらが》沖に投錨し、開国を要求するアメリカ大統領国書を受領するよう求めた。このときペリー艦隊は浦賀奉行所与力香山栄左衛門《えいざえもん》に白旗二流を渡し、

「先年以来、各国が日本に対し通商を願い出ているにもかかわらず、日本は国法といって通商を許可しない。これは天の理に背く大罪である。日本が引き続き鎖国を墨守するなら、アメリカは武力をもって天理に背く大罪を糾《ただ》すから、日本は鎖国の国法により防戦すべし。日米開戦となればアメリカが必ず勝つ。もしそうなってから和睦を乞いたければ、この白旗を掲げよ」

と言い放った。これについて幕臣福沢諭吉《ふくざわゆきち》はアメリカの物言いを冷静に視《み》て、

「我と商売せざる者は殺す、というに過ぎず」（『文明論の概略』）と喝破している。

報告を受けた首席老中阿部正弘は攘夷派最大の巨頭である前水戸藩主徳川斉昭《なりあき》の理解を得て、六月九日、浦賀奉行に大統領国書を久里浜《くりはま》の陣屋で受け取らせた。

浦賀奉行が受け取ったアメリカ大統領フィルモアの国書は、阿部正弘から昌平黌《しょうへいこう》の大学頭・林復斎《はやしふくさい》に渡され、早速、和訳された。

それによると大統領国書の内容は、

首席老中阿部正弘

「今次ペルリを日本に遣《つか》わすは、我が合衆国と日本とは宜しく互いに親睦し且つ交易すべき所なるを告げ知らしめん、と欲するにあり。貴国従来の制度は、支那人およびオランダ人を除くの外は外邦と交易するを禁ずるは、もとより予が知る所なり。しかれども世界中、時勢の変換に随《したが》い改革の新政行わるるの時にあたりては、その時に随いて新律を定むるを智とすべし」

と、アメリカとの「開国と通商」を求めるものだった。

幕府が大統領国書を受け取ると、ペリー艦隊は、「来年四月か五月に日本を再訪問する」

と告げて、三日後、江戸湾から去った。


ペリーが前回の予告どおり、嘉永七年（一八五四年）一月十六日に軍艦七隻で再び来日すると、幕府は林大学頭を日本側全権とし、横浜《よこはま》村に建てた条約館で交渉が始まった。

この交渉の間、ペリー艦隊は短艇を出して内湾へ入って測量したり軍艦が本牧沖へ進出したりと、活発な挑発活動を行っていた。

林大学頭は交渉に先立って幕府に上申書を提出し、

「蒸気船一艘本牧鼻《ほんもく》まで相進み候よう注進御座候。万一当方より手出し仕り候えば忽ち戦争と相成り、応接も水の泡と相成り申すべく。異人ども無名（大義名分のない）の戦いは仕りかね、畢竟は武威を以て諸願相立て申すべくと見込み候ゆえ、拘わり申さず、柔順に御国威を失わざるよう応接仕るべくと存じ奉り候ことゆえ、まず私方へ御任せ置かれ候」

とした。林大学頭は、万事、外交交渉で決着させるから、ペリー艦隊が挑発行動を行っても挑発に乗らず、冷静に対応するよう幕府に求めたのである。賢明な判断である。

人間の深層心理には、極度の恐怖に晒《さら》されると前後の見境なく思わず攻撃に出る、という一面がある。ペリー艦隊の出現に「夜も眠れず」というほど恐怖した幕府の警備を担当した忍《おし》藩、川越《かわごえ》藩、彦根藩、会津藩はペリー艦隊の挑発行動に反発して過剰警備を行うなど事を荒立てることをせず、林大学頭の指導を守ってよく自制したといえる。

こうして横浜村の条約館で日米交渉が始まった。

林大学頭は鄭重な態度でアメリカの強硬な通商要求をやんわり断り、嘉永七年三月三日（一八五四年三月三十一日）、薪水・食糧供給、下田《しもだ》・箱館開港などを定めた日米和親条約を調印し、アメリカに対して開国した。日米和親条約は前述の水野忠邦の「薪水給与令」の延長線上にあり、国内において反対する声はほとんど生じなかったのである。

ロシアの対日外交——愛国者同士の川路聖謨《かわじとしあきら》とプチャーチン

こうしたなかロシアのプチャーチン海軍中将が、ペリーに張り合って来日した。アメリカ建国以前から日本と和親通商を希望してきたロシアにとって、後から登場したペリー艦隊に日本との和親通商を先取りされては、立つ瀬がない。ロシアは急遽、極東艦隊司令長官プチャーチン海軍中将を対日使節として日本へ送ったのである。

前述のとおり通商を求めるロシアと鎖国を堅持する幕府の間では、文化露寇とかロシア艦長ゴローニンの幽囚など何度も行き違いがあったから、ロシアは日本との和親通商をあきらめ、一八三〇年代以降、ヨーロッパへ目を転じ地中海進出を企図した。しかしこのロシアの「南下政策」は、事あるごとにイギリスの「東進政策」と衝突し、阻止される。

ロシア皇帝ニコライ一世は天保四年（一八三三年）にバルカン地区及び地中海への南下を企図してトルコとウンキャル・スケレッシ条約という軍事同盟を締結し、ロシア艦隊のダーダネルス海峡自由通航権を得て地中海進出の足掛かりを摑んだ。そしてロシアの支援を得たトルコが勇躍エジプトを攻撃した。するとロシアの地中海進出を嫌ったイギリスはトルコと同盟してエジプトを攻めてこれを降伏させ、講和会議でウンキャル・スケレッシ条約を破棄させた。こうしてイギリスはロシア艦隊の地中海進出を阻止したのだった。

このの ち再び南下政策を企図したロシア皇帝ニコライ一世がトルコに軍事同盟を提案すると、既にイギリス・フランスと誼《よしみ》を通じていたトルコは、ニコライ一世の同盟申込みを拒否した。同盟を拒否されて怒ったロシアが嘉永六年（一八五三年）にトルコに開戦すると、イギリス・フランスはトルコと同盟してロシアに宣戦布告した。

これが「クリミア戦争」である。イギリスは、

「何としてもロシアの地中海進出は許さない。ロシアの南下を阻止するためなら、何でもあり」

といった感じである。この激動の嘉永六年（一八五三年）こそ、アメリカのペリー提督が黒船四隻で初めて江戸湾に現れた年だった。

ロシアは、いっときは日本との和親通商を諦め、ヨーロッパに目を転じて地中海進出に全力を挙げていたが、アメリカのペリー艦隊訪日の情報を入手すると、

「遅れてはならじ」

とばかりに、急遽、対日交渉を再構築することとしたのである。

そしてプチャーチン中将は、わが国の国法に随い、まずは礼儀正しく長崎に来訪した。

日本の為政者にとってもロシア外交・軍事当局にとっても極めて多忙だったこの年の動きを振り返ると、ペリー艦隊の第一回来日が嘉永六年六月三日（一八五三年七月八日）であり、プチャーチン中将の来日が一カ月後の嘉永六年（一八五三年）七月十八日である。そしてヨーロッパではクリミア戦争が三カ月後の一八五三年（嘉永六年）十月十六日に開戦となる。

プチャーチン中将

プチャーチン中将はクリミア戦争の戦雲たな

びくなか、ペリー艦隊の第一次訪日に一カ月後れて長崎に来航し、応接に当たった勘定奉行兼海防掛川路聖謨《かわじとしあきら》に、

一、エトロフ島の国境確定、

二、北海道と、江戸近辺での二港の開港による通商、

を希望した。プチャーチン中将が持参したロシア国書の特徴は、まずエトロフ島領有問題が提起されたことである。すなわちロシア国書は、

「クリル諸島（千島列島）はロシアに属しエトロフ島もクリル諸島の一つなるが、エトロフ島にはクリル人、日本人、ロシア漁民が混住せり。これによりエトロフ島がロシアに属するか、日本に属するかの疑問を生ず。故にこの疑問を決せば、両国の境も定まるべし」

と、まずエトロフ島領有権問題の解決と両国の国境確定を提案した。ロシア国書は、

「エトロフ島領有問題を話し合いで解決して国境を確定した後、北海道と江戸近辺の二港を開港して通商を開始してほしい」

と志願したのであり、内容が具体的かつ実務的で筋が通っている。

ペリーの主張やアメリカ国書が、

「通商は天の理である」

などと、何かにつけて大仰で押し付けがましいのとは、大違いである。またペリー艦隊

が幕府の意向に反して江戸湾に乗り込んだのに対し、プチャーチン中将は幕府の意向を尊重して長崎に来航した。こうしてみると、

「ロシアのほうがアメリカより紳士的」

に見える。しかし、応接役の川路聖謨は簡単には気を許さなかった。川路聖謨は海外でのロシアの風評や、千島・樺太でのロシアのかつての狼藉《ろうぜき》を指摘し、

「ロシアは虎狼《ころう》の国と世に申し候。然るや。または信義の国なりや。いかに。道理を守らば、我が事に随い候え」

と、理を尽くしてプチャーチンを問い詰めた。

するとプチャーチンは大いに承服して、

「エトロフへ立ち入るまじく。カラフトに手出し申さず。差出し置き軍兵は引払い申す」

と、神妙に答えている。さらにロシア側は川路の突っ込みに神妙に答えるだけでなく、

「日本は世界から孤立しているゆえ軍事は殊に極めて劣悪であり、砲術・築城術に至っては見るも無残である。日本の砲台を破砕するには外国のわずかな軍船で用が足りる。日本はとうてい抗戦できない」

との幕府の海岸防備の脆弱性を指摘する忠告書を提出して、軍事指導の可能性までほのめかした。親切、という感じがする。

プチャーチン中将は侍従武官長を経験し、フランス風のヨーロッパ社交界に身を置いたこともあり、後に文部大臣となる思慮深い外交家で、言葉も物腰もソフト・タッチで親切だ。プチャーチン中将は名誉を重んずる日本武士のプライドを傷つけぬよう、細心の留意を払って礼儀正しく交際申入れを行なった。きっと身分の高い貴族なのだろう。

だが、ロシア側は肝心のことになると言質《げんち》を与えず、上手にはぐらかした。

川路がロシア側発言を書面にするよう要求すると、

「今一度、招き申したく。別れを思えばかなし」

などと、情に訴えるようなことを言って論点をはぐらかし、要領を得なかった。憮然とした川路は、

「露人の愛想つねにかくの如くにて、いつもいつもかかることとなり。露人の機を見ること特に早く、実は人を馬鹿にするがごときあり。正理を以て押し迫れば、必ず無言になり、別事を言うか、日延べ申し出ずるかの二つなり」

と日記に記している。ロシア外交の奥深さと巧みさが伺われる。

プチャーチンと対峙した川路の労苦は、名うてのプレーボーイに言い寄られたうぶな生娘が、

「あなた本当に私を幸せにしてくださるの？　あなたの評判はけっして良くないのよ」

と必死に抗がっている、といった風情なのだ。こうした川路の国を想う必死な姿はロシア側に好印象を与えたようだ。プチャーチンの秘書官ゴンチャロフは川路を評して、「私たちはみな川路を好いていた。川路は非常に賢明だった。理知というものはどこでも同じである。民族・服装・言語・宗教・人生観は異なっていても、賢明な人には共通の表象がある。川路の一語一語が、まなざしの一つ一つが、そして身振りまでが、すべて常識とウイットと炯敏《けいびん》と練達を示していた」

と賞讃している。川路も、後にプチャーチンを評して、

「プチャーチンは国を去ること十一年、家を隔つること一万余里、海濤《かいとう》の上を住家とし、国の地を広くし国を富まさんとして日本へ来たりて国境のことを争い条約を定めんことを乞う。常にはフテイ奴と罵りはすれど、真の豪傑なり」

と記している。また侍従武官長としてヨーロッパ社交界の内実をも知るプチャーチン中将の秘書官ゴンチャロフは、川路を評して、

「川路はその鋭敏な良識と巧妙な弁舌において、ヨーロッパ中のいかなる社交界に出しても、一流の人物たりうるであろう」

と最大の賛辞を贈っている。こうして日露間には一種の友情すら芽生えていた。

日露交渉は十二月まで続き、国境確定、開港、貿易開始、犯罪人処分等について『日露

和親条約草案』を作り、ロシア側の要望を川路聖謨が聞きおく、という形で交渉を終えた。

なお同草案第五条は、

「アヘンの如き有害の交易をなすことを禁ず」

とアヘン貿易を禁止した。川路聖謨とプチャーチンは、協同で、清国でアヘン戦争を引き起こしたイギリスを暗に批判したのである。イギリスと宿命の対決を繰り返してきたロシア最高指導部の一角を占めるプチャーチン中将は、宿敵イギリスの顔に泥を塗って、確かな手応えを感じたに違いない。こうして外交的成果を上げたプチャーチン艦隊は、嘉永七年(一八五四)一月八日、静かに長崎を去った。ペリー艦隊の再来日の八日前のことである。

幕府の親露派高官たち

ロシアからは、うわべだけかもしれないが、このように礼儀正しく親切な交際申入れがある。一方、アメリカはわが国の意向を無視した乱暴で威圧的な態度である。

こうなれば幕府外交当局者としても、ロシアとアメリカを両天秤に掛け、ロシアとの交際にウエートを置きながらペリー艦隊を牽制することも可能だった。実際、戦後の米ソ冷戦時代に両陣営の狭間《はざま》にあった国々のなかには、米ソ両国のバランスを取りながら凌《しの》いだ国もある。徳川幕府がそうした選択をする方法も、もちろん、あり得た。

このほか幕府高官の間では、さらに一歩踏み込んで、

「日本はロシアと軍事同盟を締結し、日露同盟により、無礼なアメリカと対峙しよう」

との「親露反米論」も広まっていた。当時の識者の間には、

「アメリカは沖縄、小笠原など周辺諸島の占領計画を持っているが、ロシアは日本に対する領土的野心がない」

という見方があったからである。

この「親露反米論」の源流は、前述のとおり文化露寇（文化三年～文化四年）の直後、江戸における幕府の重要会議で提議された意見のなかに、
「ロシアの望みを容《い》れて交易を認めるなら、宿願を果たしたロシアは、わずかな島々など喜んで返却するだろう。わが国が世界第一の軍事超大国ロシアと交易し交際していれば、イギリス、アメリカなど凶暴な野蛮国がわが国を武力で征服しようとしても、手を出しかねるであろう」（『露西亜《ロシア》人ら乱暴につき江戸にて御評議のこと』）
という日露同盟による安全保障論が論じられたことである。ペリー来日（嘉永六年＝一八五三年）の約五〇年前のことである。幕府高官の間に、こういう卓見もあったのである。

こののち松前奉行河尻春之《かわじりはるゆき》（松前奉行在任は文化四年《一八〇七年》十月〜文化六年《一八〇九年》七月まで）が、老中からの、

「蝦夷地の警衛をいかが沙汰すべきや」

との問いに対する答申書において、真っ先に、

「『ロシアなど恐るるに足らず』と言えばいさぎよいが、民命に係わる浅見である」（『蝦夷地取計方ノ義ニツキ申シ上ゲ候書付』）

と述べて、将軍家斉が寵愛する老中土井利厚を真っ向から批判し、

「わが国は冷静さを保って、ロシアに非があればそれを論難し、我に非があれば理を尽くすべきである。自分のような低い身分で老中（土井利厚）を批判する意見を述べることは死罪にあたるほど無礼なことだが、今は至極大切の場合だから、黙止しがたく申し述べた」

とした。河尻春之の答申書を読んだ老中らは、

「状況に応じて、臨機応変に対応すべし」

と命じた。そこで河尻は、文化露寇のさい拉致されたまま帰国を許されず通訳としてロシアに留め置かれた五郎治らでも読めるように、平易な口語体で、

「ロシアが本当に交易したいなら、勾留した日本人すべてを帰国させたうえ、交易を願い

出るべし。来年六月頃、樺太にて会談する用意がある」との手紙を送った。しかし、このときレザノフはすでに病没し、フヴォストフ中尉は海賊行為の咎《とが》で入牢し脱獄。ロシアとの貿易交渉のパイプは途切れていたのであった。

こうした流れの中で、幕末に至り「親露反米論」を唱えた代表的人物が仙台藩藩校養賢《ようけん》堂《どう》教授の大槻磐渓《おおつきばんけい》だった。

この当時、どの藩も藩校を持っていたが、いずれも儒学を基本理念とし藩士子弟の教育に重点を置くものだった。しかし、仙台藩藩校の養賢堂は違った。ここは他と異なり蘭学を重視し、教授陣は藩士子弟の教育だけでなく時事・外交問題を研究し、仙台藩主の政策ブレーンのような役割を担っていた。

仙台藩六十三万石は知的研究面において北日本随一の大藩としての矜持を誇っていた。仙台藩は、地勢上、蝦夷地警護の任務に当たることが多かったから、仙台藩の人々は、以前から海防への意識が高かったのである。

こうした雰囲気のなかで前述のとおり、かつて仙台藩士林子平はロシアの南下に脅威を抱いて『海国兵談』を著したが、幕府から「人心を惑わす」と蟄居を命じられ、不遇の生涯を終えた。仙台藩養賢堂には、こうした悲劇の先覚者達の学脈が流れていた。仙台藩の学者たちは眼前に現れるロシア船の意図や背景を知るため、長崎へ遊学し蘭学を学んだのである。

親露反米論を唱えた儒学者兼蘭学者の大槻磐渓は、『蘭学階梯《らんがくかいてい》』を著した蘭学者大槻玄《げん》沢《たく》の次男で、相当の知識人である。このように養賢堂は、当時、時事外交問題の研究で国内トップの見識を誇っていた。そして養賢堂教授大槻磐渓は、

「ロシアと通商を行って親交を深め、ペリーの要求を拒否しよう」

仙台藩校養賢堂教授 大槻盤渓（江戸ラー）

との説を真剣に主張したのである。

大槻磐渓の親露反米論の支持者は、幕府勘定奉行兼海防掛川路聖謨をはじめ、結構多かった。例えば長崎奉行大澤豊後守は、プチャーチン艦隊が低姿勢で丁重で紳士的なことに好感を持ち、首席老中阿部正弘に対する書状で、

「ロシアの態度は、日露共同してアメリカと一戦交え日本の防衛に助力を惜しまぬよう、見え候」

と書き送っている。

また勘定吟味役で砲術家の江川太郎左衛門英龍《ひでたつ》は、水

戸藩の藤田東湖《とうこ》に対して、

「ロシアへ和し、合衆国へ断然と絶したし」（『藤田東湖日記』）

と述べ、紳士的で親切なロシアと日露軍事同盟を結びアメリカと戦うことまで主張した。幕府外交当局のなかにこうした親露反米論が蔓延したのは、ロシアのプチャーチン中将が、名誉を重んずる日本武士のプライドを傷つけないよう細心の留意を払ったからである。

プチャーチン中将はなかなか奥深い外交家だったのである。

もっとも、砲術家である江川太郎左衛門英龍の親露反米論は、他の人々とは少し違っていて、

「軍事援助を仄《ほの》めかす親切なロシアと親交して、砲術の技術指導を受けよう」

という実利的な面にウェートがあったらしい。

江川太郎左衛門英龍

幕府内の親露派として勘定奉行兼海防掛川路聖謨、仙台藩藩校養賢堂教授大槻磐渓、長崎奉行大澤豊後守、勘定吟味役江川太郎左衛門英龍

橋本左内

など、錚々たる高官が居並んでいるが、さらなる親露派の最高峰は、越前藩士橋本左内《さない》である。

橋本左内は十八歳のとき大坂の緒方洪庵《こうあん》に学んで「地中の咬龍《こうりゅう》」と呼ばれ、オランダ語・英語・ドイツ語を解し、世界情勢に明るい英才で、安政四年（一八五七年）に越前藩主松平慶永《よしなが》（春嶽《しゅんがく》）の侍読兼内用掛というブレーンになった。橋本左内は今後の政治体制として「徳川慶喜《よしのぶ》を新将軍とし、天下の名士を幕府に登用する統一国家」を構想し、ロシアと交渉する北海道警固役には宇和島藩主伊達宗城《むねなり》と土佐藩主山内豊信《とよしげ》（容堂《ようどう》）を想定した。

さらに橋本左内は、「ロシアの南下政策」と「イギリスの東進政策」の対立を視野に入れ、

「英露は両雄並び立たず。世界を牛耳るのは、イギリスかロシアの、いずれかである。イギリスは剽悍貪欲《ひょうかんどんよく》、ロシアは沈鷙厳整《ちんしげんせい》（落ち着いていて強力で厳しいこと）であり、世界の人望はロシアに集まるだろう」

と主張した。当時の段階で、ロシアの南下政策とイギリスの東進政策の対立を理解して

いた橋本左内は、天才と言える。この橋本左内が、

「日本は、ロシアと同盟して、イギリスに対抗すべし」

との「日露同盟論」を提言したのである。

アメリカに遅れた日露和親条約――世界に与えた〝誤ったメッセージ〟とは？

ペリー艦隊は幕府の意向に反して江戸湾へ乗り込み、威圧的な態度で大統領国書の受領を要求する脅迫外交《ブラフ》を仕掛け、沖縄・小笠原《おがさわら》占領の構えを見せた。

現存するペリー提督とプチャーチン中将の肖像画を見ると、ペリー提督は凛々《りり》しく英気あふれる海軍将官であり、一方、プチャーチン中将は高貴で思慮深い穏やかな貴族である。

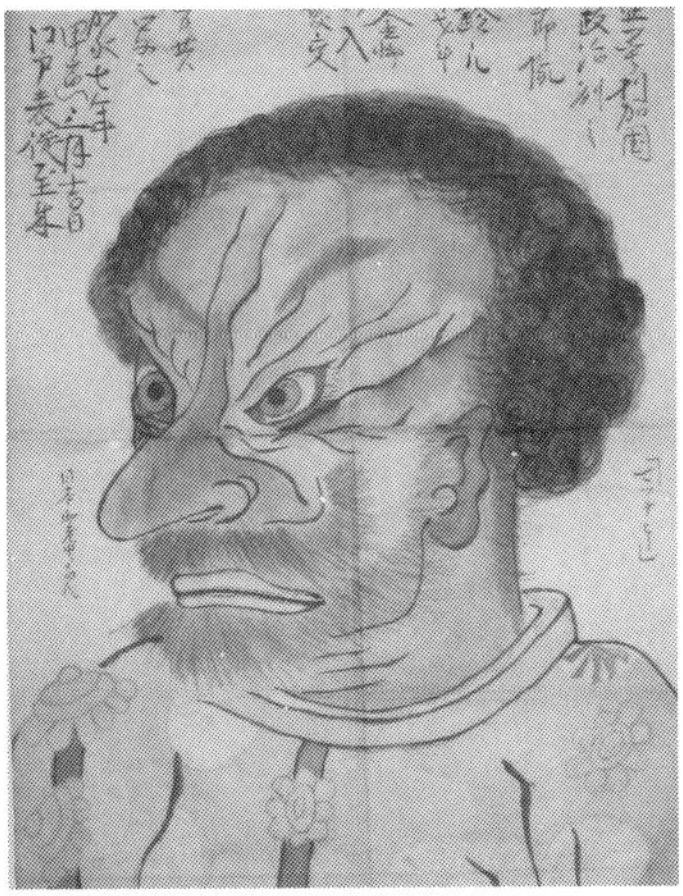
鬼のように描かれたペリー

ところがウルトラ印象派ともいうべき江戸の浮世絵師たちは、日本にブラフ外交を仕掛けたペリー提督は獰猛な悪鬼か大天狗のように浮世絵に描き、物腰柔らかく通商を希望したプチャーチン中将のほうは、インチキおじさん・ペテン師・イカサマ師といった風情で描き、ペ

リー提督とプチャーチン中将の外交姿勢の違いを、視覚的手法で文字の読めない江戸町民にも伝えたのである。

だからこそ応接役の幕府勘定奉行兼海防掛川路聖謨は、物腰柔らかなプチャーチン中将にも心を許さず、千島・樺太でのロシア兵の狼藉《ろうぜき》を指摘して、プチャーチン中将から、

「エトロフ・カラフトの兵隊は撤兵させる」

との言質《げんち》を取り、国境確定・開港など日露和親条約草案を策定したのである。

そしてプチャーチン艦隊は、翌安政元年（一八五四）

マントを着て先頭を歩くプチャーチン

一月八日、静かに長崎を去った。

だが、プチャーチン中将は、油断している間に、アメリカに出し抜かれた。

プチャーチン艦隊が長崎を去った八日後の安政元年（一八五四年）一月十六日、ペリー艦隊が再び江戸湾へ入り、浦賀奉行所の抗議を無視して羽田沖へ進み空砲約百発を撃って江戸湾岸を威圧。同年三月に、日米和親条約を調印したのである。

プチャーチン中将がアメリカに出し抜かれたことを知ったのは、日米和親条約調印五カ

月後の安政元年八月、プチャーチン艦隊が箱館に停泊していたときである。

結局、プチャーチン中将は幕府の意向どおり長崎で平和的・紳士的な開国要請を行っていたのに、ペリー提督は威圧的な交渉態度で日本開国の先鞭を付けた。

平和的・紳士的な交渉を行ったロシアは、日本を威嚇的したアメリカの後手を踏んだのである。これがロシアに、

「日本には威圧的な姿勢で圧力を掛けるべき」

との誤ったメッセージを送る結果となり、日露外交は、明治後半期に至ってついに破綻してしまうのである。

ペリー艦隊に出し抜かれたプチャーチン中将は、直ちに軍艦ディアナ号に乗って箱館を出港。十月十五日に下田へ入港して、十一月三日から条約交渉が始まった。

日露和親条約は、第二条で日露国境を「エトロフ島とウルップ島の間」と定め、安政元年（一八五四年）十二月二十一日、下田の長楽寺《ちょうらくじ》にて調印された。

日露和親条約が結ばれた長楽寺

日米和親条約が結ばれた了仙寺

2 ロシアの野望・運命のシベリア鉄道計画

日露の友好関係維持こそ、シベリア鉄道計画の成功のカギ

のちに勃発する日露戦争は、シベリア鉄道によるロシアの南下が原因となった。

しかしシベリア鉄道は、後述のとおり、日露和親条約を締結したプチャーチン海軍中将が伴った副将ポシェット中佐が、帰国後、やがて交通大臣兼海軍大将となり、親日の立場から明治八年（一八七五年）頃に策定した計画だった。ポシェット交通大臣は、

「日露が友好関係を維持し、シベリア鉄道東端のウラジオストクから、海路で、函館・新潟と結べば、ロシアは永年の宿敵イギリスを凌駕して世界一の帝国になれる」

と確信したのである。ポシェットは、明治十四年、明治政府より、日露親善に尽くした功績により勲一等旭日大授章を贈与されている。

日露戦争の原因となるシベリア鉄道は、そもそも、こうした経緯で企画された。シベリア鉄道は、ロシアが日本と友好を保ってこそ、ロシアに果実をもたらすのである。

前述のとおり、ゴローニン事件のゴローニン大尉と副艦長リコルドはロシア政府から賞されて年間一五〇〇ルーブルの終身年金を与えられ、ゴローニンは海軍中将に昇任し、リコルドは海軍大将に昇任した。このようにロシアでは、日本との関係を改善することに功績のあった者は破格の厚遇を受けるようである。

ディアナ号沈没——悲劇の中で育まれた日露の熱い絆

日露和親条約の交渉の間、プチャーチン中将の乗艦ディアナ号が沈没するという大きなアクシデントがあった。

条約交渉が開始された翌日の安政元年（一八五四年）十一月四日、伊豆半島を中心に大地震が発生し、大津波が押し寄せた。下田の八五六戸のうち八一三戸が全壊流亡。死者五〇〇〜六〇〇人の大損害となった。下田湾内に停泊していたディアナ号は、船底を岩にぶつけて損傷し、錨鎖を切断して漂流するうち、犬走島《いぬばしりじま》付近で擱座。舵と副竜骨を破損して、浸水が著しかった。

応接役の川路聖謨は幕府からの見舞品を届け、早急な修理が必要となったディアナ号を伊豆西海岸の良港戸田《へだ》村で修理することを決定。十一月二十六日、ディアナ号はプチャーチン中将以下、乗組員約五〇〇人を乗せて下田を出帆し、戸田村へ向かった。

駿河湾は西風が強く、海は荒れていた。舵を破損したディアナ号はポンプで排水しながら、伊豆西海岸を漂流しつつ北上。しかし不幸にも目的の戸田村を通り越してしまい、二十七日に田子浦《たごのうら》海岸へ漂着した。ディアナ号乗組員は荒波のなか短艇を降ろし、太綱を陸上へとつなげ、ある者は短艇で、ある者は細綱で身体を縛って海中へ飛び込み、太綱を手繰りつつ半死半生で上陸した。

田子浦村でも地震の被害でほとんどの家が倒壊していたが、それでも村民たちは火を焚き、湯を沸かし、なけなしの食糧を乗組員たちに与え、倒壊を免れた家にプチャーチン中将を泊めた。

ディアナ号の水兵たちはといえば、田子浦村の倒れかかった家を大勢で起こし直し、自分たちは厳寒のなかで野宿した。

陸路を急ぎ駆けつけた江川太郎左衛門英龍が、プチャーチン中将に、

「たとえ、この艦が修理できなくても必ず本国へ送り返すから、ご心配召さるな。不自由なことがあれば何でも用立てる」

と述べると、プチャーチン中将は、

「有難い」

と礼を言い、ロシア水兵たちは涙を流して喜んだ。

江川太郎左衛門英龍とプチャーチン中将は会談の末、ディアナ号を戸田村へ曳航《えいこう》することとした。十二月二日の朝、沼津・原・田子浦・蒲原《かんばら》・由比《ゆい》など周辺の村々から約一〇〇隻の小舟が集まり、ディアナ号に太綱を張って曳航を始めた。しかし同日正午頃、にわかに海上に風波が起こり、約一〇〇隻の小舟は叫び声を上げ、曳索《えいさく》を切って退避。間もなく巨大な波を伴った南西の強風が吹き荒れ、同日夕刻、無人のディアナ号は無惨にも駿河湾に沈没した。

プチャーチン中将とロシア水兵たちは、陸路で十二月七日に戸田《へだ》村へ到着。十三日に下田へ入って第二回以降の条約交渉が続けられ、長楽寺《ちょうらくじ》において日露和親条約が調印された。

プチャーチン中将らはディアナ号沈没によって帰国の手段を失ってしまったが、川路聖謨と江川太郎左衛門英龍は、プチャーチン中将以下ロシア将兵たちが帰国用の船を本国へ取りに行けるよう、幕府が資金の一切を負担しての小型帆船建造を取り計らった。

ロシア側が設計と技術指導を行い、戸田村に作業小屋・大工小屋・鍛冶小屋・船架が建てられ、船の竜骨や肋骨が製材されて新船建造が始まった。明けて安政二年（一八五五年）三月十日、小型帆船ヘダ号（五〇人乗り、一〇〇トン）が完成した。

プチャーチン中将やポシェット中佐等四八名は、三月二十二日、このヘダ号にて戸田村を出帆。二カ月後、アムール河口のニコライエフスクに着いてヘダ号を下船。プチャーチン中将は馬でシベリアを横断し、安政二年十月五日（一八五五年十一月二日）にペテルブルクへ戻り、皇帝アレクサンドル二世に「対日交渉・ディアナ号沈没・ヘダ号建造と日本側の厚遇」を報告した。これを受けて、ロシア政府の宰相ネッセルローゼが、幕府に深甚なる感謝を表明した。

プチャーチン中将は外交手腕を認められて伯爵の称号を与えられ、海軍大将、元帥に昇任し、さらにその後文部大臣、参議院議員などを歴任して八〇歳で死去した。

プチャーチン没四年後の明治二十年（一八八七年）五月、プチャーチンの長女でロシア皇后付女官オリガが戸田村を訪れ、戸田村民の親切な人情に謝意を表明するとともに、村長に金一封を贈呈。

その後、オリガは明治二十三年十月に永眠したが、遺言により、日本の貧困者・日本赤十字社・戸田村民へ合計八〇〇ルーブルを寄贈した。

海のイギリスをランド・パワーで凌駕しようとしたシベリア鉄道

シベリア鉄道建設計画は、一八七五年（明治八年）頃、交通大臣兼海軍大将ポシェット（大臣任期一八七四年～一八八八年）が策定した、ウラルから太平洋側のウラジオストクに至る世界的な長距離鉄道計画である。

当時、ヨーロッパと東アジアはスエズ運河（一八六九年開通）・インド洋・東シナ海を経由する船便でのみ結ばれていた。そしてイギリスは世界最強の海軍を持ち、海路の沿岸のインド・東南アジア・中国を軍門に下し、世界の海路・物流・海上保険を支配していた。

しかしヨーロッパ～上海の海路は、スエズ運河経由で四五日も要するという弱点があった。永年の宿敵イギリスに挑戦した帝政ロシアは、北回りのシベリア鉄道建設により、ヨーロッパ～東アジアを二〇日間で結ぶ陸の物流ルートを確立し、南回りの海路を支配するイギリスよりも優位に立とうとしたのである。

鉄道なら、船便と違って大嵐にも耐えられるし、巨額の海上保険も必要ない。

世界地図でシベリア鉄道を見ると、実に長い。だが地球儀で見ると、案外、短い。

シベリア鉄道は丸い地球の大圏陸路を通っているからである。今日、日本とヨーロッパを結ぶ空路は、シベリア鉄道の上空の大圏空路を飛んでいる。それが最短距離だからだ。

シベリア鉄道は、ヨーロッパ～東アジアを二〇日間で結ぶという交通革命であり、帝政ロシアが宿敵イギリスを凌駕するための〝国運をかけた国際的戦略プロジェクト〟だった。

この帝政ロシアのシベリア鉄道計画には、フランスが賛同した。

フランスは国際金融を支配するロンドン市場に対抗してパリ市場の育成を目論み、資金

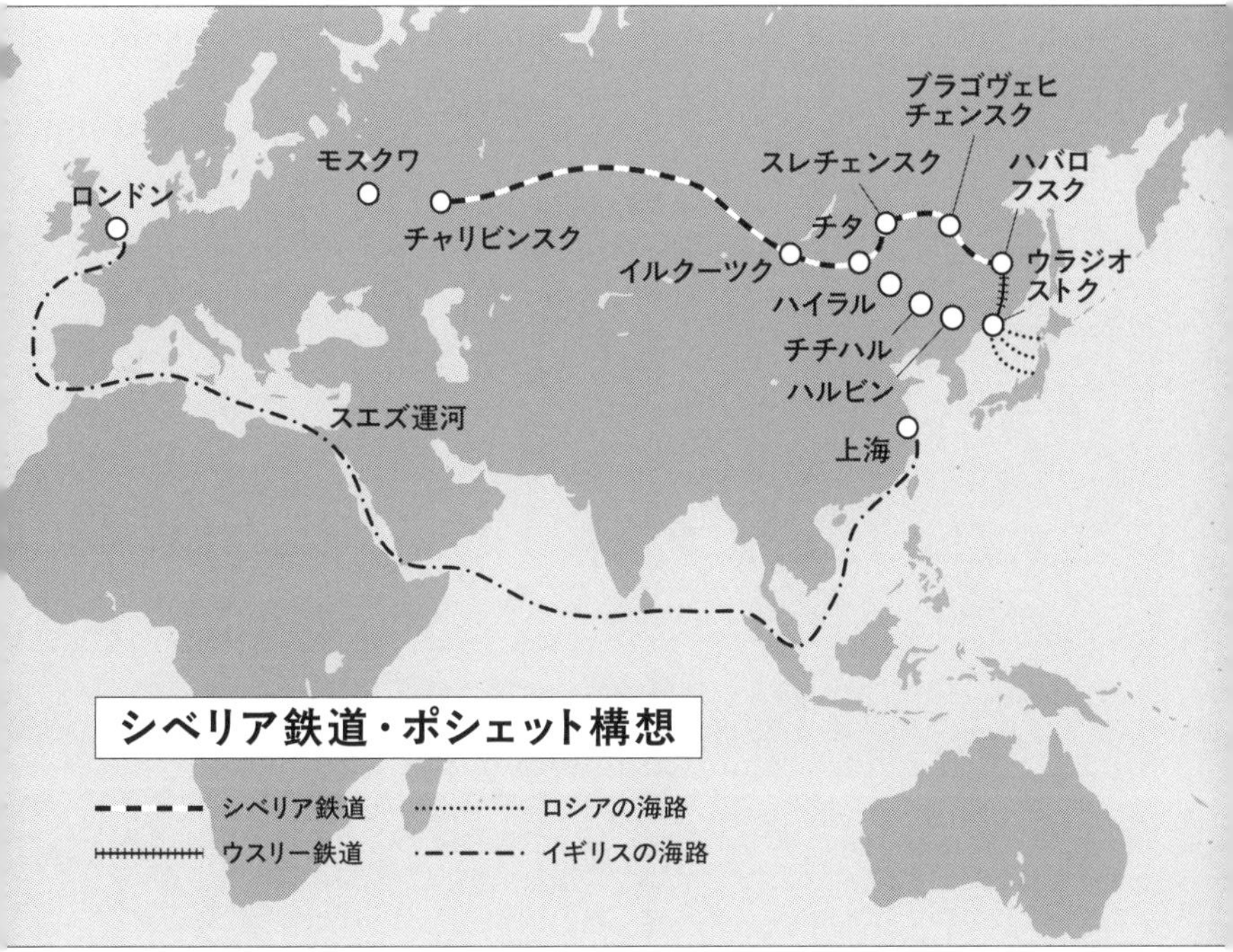
ブラゴヴェヒ
チェンスク
モスクワ
スレチェンスク
ハバロ
フスク
ロンドン
チタ
チャリビンスク
ウラジオ
ストク
イルクーツク
ハイラル
チチハル
ハルビン
スエズ運河
上海
シベリア鉄道・ポシェット構想
シベリア鉄道
ロシアの海路
ウスリー鉄道
イギリスの海路

力の乏しい帝政ロシアに巨額の建設資金を貸し付けた。現代国際金融市場で行われている国際的プロジェクト・ファイナンス（事業収益を償還資源とする貸付）の第一号である。

ロシア皇帝アレクサンドル三世は一八九一年（明治二十四年）二月にシベリア鉄道建設を決定。ウラル側からのシベリア鉄道の東進工事と、太平洋側のウラジオストクからハバロフスクへ至るウスリー鉄道計画により、両線を連結させることとした。

シベリア鉄道建設に最も情熱を注いだのは、汽車屋《ぽっぽや》ウイッテである。ウイッテは新ロシア大学物理数学科を首席で卒業すると、鉄道会社に就職。やがてロシア政府の初代鉄道事務管理局長に抜擢され、交通大臣に昇任し、一八九二年九月、大蔵大臣となった。前蔵相ヴィシネグラッキーが均衡財政を主張して鉄道建設に難色を示し、更迭されたからである。

大蔵大臣ウイッテの最大の仕事は、シベリア鉄道の建設推進である。ウスリー鉄道は一八九一年に起工され、一九〇〇年に終着駅のハバロフスクまで完成。シベリア鉄道はチェリャビンスクを起点として一八九二年に起工され、イルクーツク、チタを経由して一八九九年にスレチェンスクまで開通（バイカル湖横断は船便）する。

当初計画では、スレチェンスク～ブラゴヴェヒチェンスク～ハバロフスク間はアムール川の河川航路が想定されていた。

これならロシア領内の鉄道網であり、何の問題もない。

有能な親露派高官をことごとく排除した明治維新

幕末期には前述のとおり、相互理解に基づく日露友好が保たれていた。

しかし、その後の明治維新にいたる動乱期に、幕府の親露派高官は排除され一人ひとり消されていった。

前述のとおり、幕府きっての親露派として、勘定奉行兼海防掛川路聖謨、仙台藩藩校養賢堂教授大槻磐渓、長崎奉行大澤豊後守、勘定吟味役江川太郎左衛門英龍、越前藩士橋本左内など、実に錚々《そうそう》たる人物が居並んでいたのだが、次々と姿を消していく。

最初に消されたのは、越前藩士橋本左内である。

橋本左内は、その構想が余りにも先走っていたから幕府保守派の逆鱗に触れて「安政の大獄」に連座し、伝馬町《てんま》の獄に収監された。橋本左内に判決が下り、「公儀を憚《はばか》らざる致し方、右不届きにつき死罪」を申し付けられ、安政六年（一八五九年）十月七日、斬首された。

このとき牢名主は、橋本左内に対し、

「さてさて貴様は若年と申し、秀才、惜しきこと。貴様の一命に代わり候儀、出来候ことに候わば、代わりたきもの也」

と、涙をぬぐって語ったという。

こうして親露派の戦略思想家が、一人消えた。

ロシアと同盟してアメリカと戦うことまで主張した江川太郎左衛門英龍は、高島秋帆に砲術を学び、洋学を会得して渡辺崋山《わたなべかざん》・高野長英《ちょうえい》・藤田東湖などと幅広い人脈を持ち、韮山《にらやま》反射炉・大砲鋳造所を建設。嘉永六年（一八五三年）に勘定吟味役となって幕府海防会議に出席する破格の扱いを受けていた。この英龍は、ディアナ号修理問題に奔走し、過労のため発病。幕府の出府命令を受けて江戸へ入ったものの病状が悪化し、安政二年（一八五五年）一月十六日に病没した。こうして親露の開明派が、さらに一人消えた。

プチャーチン中将と互角の外交交渉を行った幕府勘定奉行兼海防掛川路聖謨は、滅びゆく徳川幕府に殉じ、江戸城総攻撃予定日の慶応四年（一八六八年）三月十五日、

「天《あま》つ神に、背くもよかり。蕨《わらび》つみ、飢えし、昔の人を思えば」

との辞世を残し拳銃で自決。親露派の実務家が、ここでも一人消えた。

仙台藩藩校養賢堂教授大槻磐渓は、明治新政府発足後、奥羽列藩同盟に関与したことを罪に問われて家跡没収。親露派の碩学《せきがく》は、歴史の表舞台から姿を消した。

こうして親露派の人脈は、明治新政府には全く受け継がれず、誰一人いなくなった。

今日、わが国で親露派と呼ばれて親英米派から攻撃を受けている人々は左翼というよりむしろ全方位外交で日本の独立を守ってきた、聡明なる徳川幕府に郷愁を覚える知的グループなのである。

国の独立を守るには、鎖国をするか、全方位外交を選ぶしかないからである。

3 謀略の国・イギリスに暗示された大津事件

「おそロシア」の淵源

　前述のとおり、ロシアは欧米列国のなかで最初に日本との通商を希望した国であり、ピョートル大帝は、第五代将軍綱吉《つなよし》の一七〇二年（元禄十五年）にモスクワの数学航海学校内に日本語学校を開設したのに続き、一七〇五年（宝永二年）にはペテルブルクにも日本語学校を設け、通訳の養成を始めた。むろん、日本と和親通商を図るためである。

　しかるに反ロシア活動家でカムチャツカへ流刑された〝はんべんごろう〟ことハンガリー人ベニョヴスキーが反乱を起こし、ロシア司令官を殺害して船を奪い、カムチャツカを脱出して奄美大島に流れ着き、一七七一年（明和八年）に、長崎のオランダ商館へ、

「ロシア帝国が、松前付近を占領するために、千島列島に要塞を築いている」

　というウソの内容の手紙を送った。この手紙の内容は長崎の蘭学者を通じて口づてに広まり、これを知った林子平《はやししへい》がロシアの南下に危機感を抱き、

「ロシアは日本侵略の意図を持っており、蝦夷地《えぞち》が蚕食《さんしょく》される危険がある」と考え、一七九一年（寛政三年）に『海国兵談』を著してロシアの脅威を説いた。しかし〝はんべんごろう〟の主張は意図的なウソであるから、日露友好を模索していた首席老中松平定信の逆鱗にふれ、『海国兵談』は発禁処分となった。

林子平が『海国兵談』を著してロシアの脅威を説いた翌年の一七九二年（寛政四年）に、前述のとおりロシア女帝エカテリーナ二世が通商を求める使節ラックスマンを日本へ派遣した。このとき首席老中松平定信《さだのぶ》はロシアとの小規模な通商開始を覚悟し、ラックスマンに長崎への来航を許す信牌《しんぱい》を与えた。しかし定信は大奥の経費削減に取り組んだことで将軍家斉の不興を買い、一七九三年（寛政五年）に失脚してしまった。

こののちロシア使節レザノフが一八〇四年（文化元年）に来日して通商を求めたが、老中土井利厚《としあつ》が一八〇五年（文化二年）に通商を拒絶しレザノフを追い返したので、腹を立てたレザノフは部下のフヴォストフ中尉に報復を命じ、一八〇六年（文化三年）から一八〇七年（文化四年）にかけて「文化露寇《ろこう》」（またはフヴォストフ事件）が起きた。

すると、この文化露寇に触発された大坂の講談師の南豊亭永助《えいすけ》が翌年の一八〇八年（文化五年）に、日露戦争（一九〇四年～）を想起させる近未来小説『北海異談』を著し、「ロシアは、朝鮮と軍事同盟を結んで蝦夷地を占領する。この国難に仙台藩の伝説上の英雄片倉小十郎が立ち上がり、奥羽諸藩の軍勢を率いて救援にかけつけた。ロシアとの最後の戦いは幕府と諸藩の連合艦隊がロシア艦隊と戦う『箱館沖海戦』となり、幕府と諸藩の連合艦隊がロシア艦隊を撃滅する劇的勝利となり蝦夷地を奪還する」

と書いて好評を博した。しかし幕府はロシアとの友好・非戦を模索していたのだから、南豊亭永助は世を惑わす不届きな言説をしたとして打首・獄門の厳罰に処された。

しかし人の口を封じることはできない。「おそロシア」の情念は、民衆の間に広く沈潜していったのである。


こののちアヘン戦争で清国を屈服させた〝最凶国イギリス〟は、日本を間接支配する目的で長州・薩摩を支援して幕府を転覆させた明治維新により、明治政府に権力を移行させた。

こうして日本外交は幕府の全方位外交から、明治政府のイギリス一辺倒へ転換した。

この政権移行の過程で、前述のとおり幕府親露派の勘定奉行兼海防掛川路《かわじ》聖謨《としあきら》、仙台藩藩校養賢堂《ようけんどう》教授大槻磐渓《おおつきばんけい》、勘定吟味役江川太郎左衛門英龍《ひでたつ》、越前藩士橋本《はしもと》左内《さない》らが消えていき、親露派の人脈は明治新政府に受け継がれず、誰もいなくなった。

文明開化ということで、新聞というものが登場した。新聞はイギリスで発達したものであるから、当時の新聞にはイギリスがかった風味があった。

明治二十四年（一八九一年）頃になると明治政府はイギリスへの傾斜を一段と強め、ロシア外交を軽視するようになった。こうして強大な隣国ロシアとの外交チャンネルが細りロシアの本音が分からなくなると、日本人の間に〝恐露感情〟が蔓延した。「おそロシヤ」である。日本人の間に深く沈潜した「おそロシア」の感情を利用したのが、ロシアの最大の敵イギリスだった。

漠然とした不安のなかで、新聞各紙は恐露の論陣を張った。とくに『国民之友』明治二十四年三月二十三日号は「東京各新聞の社説」という記事で、

「人あるいは云う、露国恐るべきものにあらずと。しかれども、朝鮮をして露国の有たらしむるの日は、露国をして、猛然と恐るべき国たらしむるにあらずや」

と主張したのだ。

当時の日本の新聞は報道機関というより、扇動機関《プロパガンダ》だったかもしれない。

大津《おおつ》事件

こうした恐露感情のなかで、明治二十四年（一八九一年）五月十一日、来日中のロシア皇太子ニコライ（後に即位してニコライ二世）を、警備中の巡査津田三蔵《つだ さんぞう》が斬り付けた。

「大津事件」である。

ニコライ皇太子の来日目的は、「シベリア鉄道ウスリー線の起工式参列と東洋諸国漫遊の旅」と説明されていた。しかし当時の日本人は、この説明を額面どおりには受け取らなかった。とくに『国民之友』明治二十四年四月三日号は、「時事」と題する欄で、

「露国皇太子の旅行は、無邪気なる見物旅行なるや？　兵事上の探討的旅行なるや？」

とロシアへの警戒を呼びかけ、一般庶民の恐露感情を煽った。そして人々は、

「ニコライ皇太子の真の来日目的は、ペリー艦隊と同様、日本征服のための軍事偵察」

と考えたのである。

加えてロシアと永年の対立関係にある在日イギリス人たちは、日本の皇室がニコライ皇太子来日に盛大な歓迎準備をしていることを不愉快とし、周囲の日本人に、

「露国皇太子が日本を軍事偵察するため軍艦を率いて来日するのを歓迎するとは、自国の危機を知らず仇敵を饗応するに等しい」

と、しきりに言いふらした。この影響を受けて不穏の挙動をなす日本人が少なくなく、伯爵後藤象二郎《ごとうしょうじろう》邸内に居住の吉江《よしえ》虎松《とらまつ》外二名は露国皇太子に爆発物を投じる企てが発覚し、重禁錮三年の刑に処せられた。また神戸警察署は挙動不審者三〇名を、ニコライ皇太子の神戸《こうべ》遊覧二時間の間、警察署内に召致して留め置き、暴発を未然に防止した。

ところでニコライ皇太子の真の来日目的は「日本征服のための軍事偵察」だったのか？

かつてアメリカのペリー艦隊が日本へ来たとき、ペリー艦隊は沖縄に立ち寄り、沖縄にアメリカ海軍基地を建設するため六日間かけて綿密な島内調査を行った。

しかしニコライ皇太子は港の水深を測ったり道路・輸送状況を調べたり、山岳・丘陵・河川の形状を鋭い眼差しで観望した形跡はまったくない。ニコライ皇太子の旅行は「貴人が見聞を広めるための世界漫遊旅行」といった、のんびりしたものだったのである。

ニコライ皇太子は軍艦でエジプト・インド・インドネシア・タイ・中国を数カ月かけて旅行しながら来日した。四月二十七日に長崎へ到着したニコライ皇太子は日記に、

「待望の日本だ！」

と書いた。ニコライ皇太子は、四月二十八日、お忍びで長崎へ上陸。縞模様の背広に山高帽という軽装で客待ちの人力車に飛び乗り、市内を見物。あちこちの商店を訪問し、骨董品・亀甲細工・有田焼《ありたやき》花瓶・輪島塗《わじまぬり》重箱などの土産品を買った。そして日記に、

「長崎の家屋と街路は素晴らしく、気持ちのよい印象を与えてくれる。掃除が行き届き、こざっぱりしていて、彼らの家に入るのが楽しい。日本人は、男も女も親切で愛想がよい」

と、長崎が気に入ったことを記述している。

ニコライ皇太子は公式行事に出席して長崎市民の歓迎を受けた後、五月五日午後、長崎を立って、海路、鹿児島へ向かった。五月六日、鹿児島に上陸したニコライ皇太子は旧薩摩藩主島津《しまづ》忠義《ただよし》の歓迎を受け、棒踊り、撃剣勝負、弓術師範による古式演武、二百余騎の甲冑武者による武士踊りなどを見物し日本料理の饗宴を受けた。

その後、ニコライ皇太子は瀬戸内海を航行して五月九日に神戸へ入り、兵庫県庁で茶菓の接待を受けた後、楠木正成《くすのきまさしげ》を祀った湊川《みなとがわ》神社に参拝。脱帽して恭《うやうや》しく礼拝し、日本人を感激させた。

午後四時発の臨時列車で京都へ向かったニコライ皇太子は、京都常盤《ときわ》ホテルに入ったのち、祇園の中村楼で娘歌舞伎を見学。翌十日は蹴鞠・小笠原流弓術を見たのち御所・紫宸《ししん》殿・清涼殿・二条離宮・西本願寺などを見学し、多くの土産品を買った。

そして五月十一日朝、人力車で大津へ観光に出かけ三井《みい》寺を見学。午前十一時四十分に滋賀県庁に着き滋賀県知事の歓迎を受け、午後一時三十分に県庁を出て人力車で京都へ戻る帰路、警備中の巡査津田三蔵に斬り付けられたのである。

立番していた津田三蔵はいきなり抜剣。人力車上のニコライ皇太子の頭部めがけて斬り付け、皇太子は右頭部こめかみに長さ九センチで骨に達する創傷と長さ七センチで骨膜に達する創傷を受け、津田三蔵はその場で取り押さえられた。ニコライ皇太子は鮮血淋漓《りんり》たる頭部に応急の包帯を巻くと、一旦、人力車で滋賀県庁へ戻って休息。午後三時五十分発の特別列車で京都へ戻り、京都常盤ホテルで傷口を四、五針縫った。

それにしても、何故、津田三蔵はニコライ皇太子に斬り付けたのか？

人間の深層心理には「極度の恐怖に晒《さら》されると思わず攻撃に出る」という要素がある。

当時の日本人には強国ロシアを恐れる気持ちが強く、津田三蔵は、

「自分がロシア皇太子を斬り殺せば、日本はロシアの恐怖から逃れられる」

と短絡して斬り付けたのだ。


津田三蔵の家は、かつて津《つ》藩藤堂《とうどう》家で藩医として百三、四十石を給されていた没落士族である。

津田三蔵は廃藩置県（明治四年）の翌年東京鎮台に入り、やがて名古屋鎮台へ転じて伍長となり、西南戦争が起きると別働第一旅団に編入され、西郷《さいごう》軍の背後へ上陸しての戦闘で左腕に貫通銃創を受けた。負傷快癒後は本隊へ復帰し、各地を転戦。陸軍軍曹に任じられ、軍功により勲七等に叙せられた。除隊後、津田三蔵は滋賀県巡査を拝命。窃盗犯逮捕・職務格別勉励により功労褒賞を受けた。

津田三蔵は、ノイローゼに近い極度の恐露論者だった。

津田三蔵は花火の音を聞けば西南戦争での恐怖の砲声を思い出して憤激が昂《たか》まり、ロシアと聞けば剽悍強壮《ひょうかんきょうそう》の薩摩士族に圧迫された恐怖がよみがえった。そのうえ父長庵《ちょうあん》・兄養順《ようじゅん》とも狂気じみた挙動があり、三蔵自身にも発狂の病歴があった。津田三蔵の精神変調の原因も身体的・病理的・遺伝的なものか、一家没落による憤懣・不安・失意によるものか、あるいは西南戦争での恐怖の戦場追体験によるものか定かでない。いずれにせよ津田三蔵は「ニコライ来日目的は日本征服のための軍事偵察」と信じたのである。

一方、ニコライ皇太子は冷静だった。ニコライ皇太子は事件翌日の日記に、

「日本人狂信者が嫌な事件を起こしたからといって、善良な日本人に腹を立てていない」

と記述。東京から見舞いに駆けつけたニコライ堂のニコライ・カサートキン主教に対し、

「余は日本人の厚遇と親愛に感謝している。余は日本人の親愛なる好意を忘れない。幸い傷も浅いので、一日も早く全快して東京へ行きたい」

と語った。ニコライ皇太子は、お坊っちゃんらしい温容な性格だったらしい。

この大事件に日本側は慌てた。明治天皇はニコライ皇太子を見舞うため、十二日早朝発の御召列車で新橋《しんばし》停車場を発ち、同日夜、京都へ到着。奉迎したロシア公使に、

「ニコライ皇太子殿下には不慮の御遭難にて、卿らの痛心、察するに余りあり」

と見舞いを述べ、京都御所に入った。翌十三日午前、明治天皇がニコライ皇太子を京都

常盤ホテルに見舞うと、ニコライ皇太子は、

「貴国への感情を悪くすることはない。治癒の後、正式に日本皇室へ謝意を表し奉らん」

と語った。

一方、電報で事件を知ったロシア皇帝アレクサンドル三世は、皇太子の身の安全を憂慮するロシア皇后の意向を汲み、ニコライ皇太子に帰国命令電報を発信した。

実は、今般のニコライ皇太子のアジア歴訪に際し、イギリスの新聞が、

「ニコライ皇太子来訪を不快とするインド人が、皇太子に禍害を加える動きがある」

と警報していた。だが、懸念された凶事は、インドでなく、日本で起きたのである。

帰国命令を受けたニコライ皇太子は、十三日夕方、明治天皇とともに特別列車で神戸へ帰着。五月十九日昼、明治天皇をロシア軍艦上へ招いて午餐をともにし、同日午後五時、ロシア軍艦は抜錨し、ウラジオストクへ向けて出航した。

これが大津事件のあらましである。

津田三蔵の処分問題

現場で捕縛された津田三蔵はただちに膳所《ぜぜ》監獄へ移送され、十一日午後十一時から行われた予審尋問で、犯行動機について種野弘道《たねのひろみち》検事に、

「露国皇太子は我が国を視察し、他日横領せんため、ご来遊なりたると信ず。露国皇太子を生かして御還し申せば、他日、必ず我が国を横領に来らるるを以って、お命を戴く次第」

と申し述べた。予審尋問の結果、三浦順太郎予審判事は、津田三蔵の犯行動機を、

「『露国皇太子の来日目的は我が国の軍事偵察』との新聞論調を信じ、悲憤慷慨したもの」

と判定した。

同年五月二十七日に開廷された裁判で津田三蔵は予審尋問での陳述を大筋で認めたうえ、最後に、

「死を決して成したるなれば、自殺し能わざりしは残念なれど、今に至っては国法にて処断せらるる外なし。願わくは露国に媚びることなく、我が国の法律を以って、公明正大の処分あらんことを願う」

と沈痛な態度で申し述べて、満廷を粛然たらしめた。

実は津田三蔵の処分について、政府と大審院長児島惟謙《こじまこれかた》の間で激論があった。政府は、

「『日本皇族に対する暗殺未遂は死刑』と定めた刑法第百十六条を、ロシア皇太子にも拡大準用して、津田三蔵を死刑にすべき」

と主張したが、大審院長児島惟謙は、

「外国皇太子は刑法第百十六条の適用対象外」

との法理論から、津田三蔵の死刑に反対したのである。

このとき政府の構成は首相松方正義《まさよし》、内相西郷従道《つぐみち》、外相青木周蔵《しゅうぞう》である。

とくに西郷従道内相は、裁判前日の二十六日、児島惟謙大審院長に、

「（死刑を適用しなければ）露国艦隊が品川《しながわ》沖に現れ、我が国は微塵となるやも測り難し」

と津田三蔵の死刑判決を要求した。しかし児島惟謙大審院長は、

「裁判官の眼中ただ法律あるのみ」

と言い返し、大審院は津田三蔵を無期懲役とした。

これによって大審院長児島惟謙は「司法権独立を守った偉人」となりメデタシ、メデタシで話が終わっているのだが、果たして、これで事は済むのか？

青木周蔵外相の食言《しょくげん》

実はロシア皇太子の来日前、ロシア駐日公使シェーヴィチが青木周蔵外相に対し、

「ロシア皇太子来日時に不敬の行為があったらどうするのか？　日本の法律にはこれを罰する条文がないので、勅令をもって制定されたい」

と要請していた。自国皇太子の外遊に安全を期すのは、出先機関の公使にとって当然の

ことだ。この要請について、青木周蔵外相はシェーヴィチ公使に、

「勅令により、『外国皇族に対する暗殺未遂』も刑法第百十六条（日本皇族に対する暗殺未遂罪）の適用対象として犯人を処断し、ロシア皇太子の安全を確保する」

と約束。青木周蔵外相は閣議で、

「『日本の法律で決まっていないことを勅令で定める』とロシア公使に約束している」

と報告していた。

松方正義首相はこの事情を、事件七日後の五月十八日、児島惟謙大審院長に、

「シェーヴィチ公使は、青木外相に要求して曰く。『露国皇太子漫遊の際、不敬の行為ありたるとき、日本の刑法中これを処罰する正条なし。ついては当該法律を制定されたし』と。我が国は閣議のうえ、青木外相より答えて、『勅令にて新法を制定する必要なし。万一、かかる事態を生ぜば、外国皇族も刑法第百十六条の適用対象とする』と回答せり。しかるに、今般の大事に遭遇。国際上、食言するを得ずして、閣議の末、過日、青木外相より露国公使に、『刑法第百十六条を外国皇族にも拡大準用し、犯人を死刑に処す』旨を伝えた」

と説明。「戒厳令を発して津田三蔵を死刑にするしかない」と政府の窮状を訴えていた。

だから津田三蔵に死刑判決を下さなかったことは、

「青木周蔵外相がシェーヴィチ公使に食言した」

という、外交上の大失態を犯したことになる。国際上の信用問題である。

実は、これには後日談がある。

青木周蔵外相辞任後、榎本武揚《えのもとたけあき》新外相のとき、シェーヴィチ公使が榎本に語るには、

「青木周蔵前外相は、大津事件のとき、自分（シェーヴィチ公使）に面会し、『津田三蔵を死刑に処せんとすれど、法律の明文なきに苦しむ。願わくは貴使より死刑を要求されたし。しかるとき外交上の必要という口実で、死刑に処する』と述べた。これに対して自分は青木周蔵外相（当時）に、『日本の法律に無い津田三蔵の死刑を、ロシア皇帝の代理人である自分から要求することは出来ない』と答え、顚末を本国政府に報告したところ、本国政府から『よく答えたり。まったく皇帝の叡慮に合いたり』との賛辞を公信で接受した」

と語り、証拠として、その「照会書」を榎本武揚新外相に差し出した。

さらに、また別の後日談もある。

榎本武揚外相の次の陸奥宗光《むつむねみつ》外相のとき、ロシア側ではシェーヴィチ公使が転出してステグロフ代理公使となったが、ステグロフ代理公使は陸奥宗光外相を訪ね、

「公使館記録を引き継いだ際、青木周蔵前々外相の署名ある『外国皇族に危害を加える者

に刑法第百十六条（日本皇族に対する暗殺未遂罪）を適用する法律を制定するとの照会書』があった。しかし自分は、『日本では、帝国議会（明治二十三年十一月開設）の同意がなければ、法律は制定できない』と信ずる。ロシア公使館に、この照会書が存在すると、将来、日露両国の紛議の種と成り得る」

と語って、「青木周蔵前々外相署名の照会書」を、陸奥宗光外相に返還した。ステグロフ代理公使は、将来、日本外務省が苦しまぬように配慮した訳である。この頃、ロシア外務省は日本に、相当、気を遣っている。

結局、大津事件は、青木周蔵外相の食言という後味の悪い結末となって終わったのだが、こういう事件の後処理としては、例えば、

「刑法第百十六条を拡大解釈して外国皇族も適用対象とし津田三蔵に、一旦、死刑判決を下し、津田三蔵の精神病を事由に罪一等を減じ、無期懲役とする」

といった措置で、青木周蔵外相の食言という外交上の失態を避ける道があったのではなかろうか？

こうした考え方について、ロシア外相ギリスは、駐露公使西徳次郎《にしとくじろう》に対し、

「必ずしも死刑を望む訳ではないが、もし、一旦、死刑判決があり、ロシア側より赦免を

申し出る形であれば、結果が良かった」

と言明し、ロシア皇太子からの温情的助命嘆願という日露友好の演出を示唆した。こうした処理は、太い外交チャネルがなければできないことである。

大津事件とは何だったのか？

津田三蔵に無期懲役の判決が下ると、西郷従道内相は長大息し、児島惟謙大審院長に、

「これから戦争になります。津田三蔵一人の命を助けるため、国家の禍《わざわい》を招くとは何事だ！」

と怒鳴った。西郷隆盛の実弟である西郷従道は武人である。西郷従道は「勝ち戦でも、負け戦でも戦争は痛ましく悲惨である」と身に沁みていたのである。

しかしながら大審院長児島惟謙《これかた》は、内相西郷従道の悲惨な戦場体験を軽くあしらい、

「（ロシアが）兵力を弄《ろう》し、強逼《きょうはく》野蛮の振る舞いあらば、我ら法官においても一隊を組織し、閣下ら将軍の指揮に従い一方面に当たるを辞せず！」

と言い放った。そうは言っても児島惟謙のような高級法官が戦場に立つことはあり得ない。一旦緩急あれば過酷な戦場に投入されるのは、名もなき市井《しせい》の庶民兵である。

司法権独立は結構なことだが、司法権独立のため日露が開戦となり、応召され戦場に

屍《しかばね》をさらすのは何ともやりきれない。国民の間に言い知れぬ不安がよぎったであろう。国際情勢に敏感な一部の日本人は、「いよいよ日露開戦か？」と身震いしたに違いない。

それにしてもニコライ皇太子の真の来日目的は、一体、何だったのか？

新聞各紙が論陣を張り、津田三蔵が信じた「日本征服のための軍事偵察」だったのか？

否《いな》、それとは全く正反対で、

「シベリア鉄道により、海路を支配する宿敵イギリスを凌駕し、ロシアが世界一の帝国になるため、エジプト・インド・中国とくに日本を、親英から親露へひっくり返す微笑外交」

だったのか？

確かにこれ以降、今日に至るまで、エジプトも、インドも、中国も親露のカードを手にした。

事件前のシェーヴィチ公使の心配や、事件後のニコライ皇太子の言動や、ロシア外務省の対応を見ると、「ニコライ皇太子の来日目的は対日微笑」と見るのが妥当であろう。

そうだとすると新聞論調と津田三蔵は、ニコライ皇太子が対日友好親善の握手のため差し伸べた手に、噛み付いたことになる。

第三章

戦争の世紀へ

——恐れられ、孤立していく日本

1

三国干渉と黄禍《こうか》論

日清戦争

わが日本は、明治二十年代中頃、激浪にもてあそばれる小舟のように、行方《ゆくえ》いずことも知れぬ不安のなかにあった。

このことについて、東京・下谷龍泉寺《したやりゅうせんじ》の裏店で雑貨・駄菓子を売る店を営みながら生活困窮にあえぐ女流作家樋口一葉《ひぐちいちよう》は、自分のような力のない女にとっても、わが日本を取りまく世界の情勢に安閑としておられぬと、自身と国の行く先に対して不安を感じていた。

樋口一葉は、明治二十六年（一八九三年）十二月の日記にこの思いを、

「目を閉じて静かに当世の有様を思えば、いかさまに成《な》らんとするらん。かいなき女子の何事を思いたるも、蟻《あり》みみずが天を論ずるに似て、『我を知らざるの甚《はなは》だし』と人は言わんなれど、同じ天をいただけば、風雨雷電いずれか身の上にかからざらんや。濁れる水は、一朝にては清めがたし。かくて流れゆく我が国の末いかなるべきぞ。外には鋭き鷲

（ロシアのこと）の爪あり。獅子（イギリスのこと）の牙あり、インド・エジプトの前例を聞きても身ふるえ、魂《たましい》わななわる」（『塵中日記』）。

と記し、ロシア軍のシベリア鉄道による南下など厳しい国際情勢への憂愁を述べた。

また演歌壮士は、ヤケクソ気味に元気よく、

「跋扈《ばっこ》無礼な赤髯奴《せきぜんど》（イギリスのこと）、一葦《い》てし朝鮮は、チャンチャン坊主（清国＝今の中国のこと）に膝を折り、鷲（ロシアのこと）の威勢に恐怖して、日々に衰ろう国（日本のこと）の状態《さま》」（添田知道《そえだともみち》『流行り唄五十年』）

と唄ったが、これはカラ元気にすぎなかった。

女流作家樋口一葉もカラ元気の演歌壮士も、ロシア・イギリスという超大国の間で小舟のように揺れ動くわが日本の行く末を案じたのである。


明治二十七年（一八九四年）七月二十五日に勃発した日清戦争の原因は、日本が帝政ロシアの軍事的南下に恐怖を深めたことによるものだった。ロシアの南下を恐れた日本は、朝鮮が近代化して帝政ロシアの防波堤になることを望んだが、朝鮮の宗主国である清国は、日本が介入して朝鮮の近代化を指導することに反発したからである。日清戦争は日本の勝利となり、明治二十八年（一八九五年）四月十七日に下関《しものせき》条約が調印され、日本は、

一、朝鮮の独立を清国に認めさせた。
二、遼東《りょうとう》半島、台湾、澎湖《ほうこ》諸島を清国から割譲された。
三、賠償金として二億両《テール》を得た。

三国干渉

下関条約が結ばれると、ロシア公使ヒトロヴォ、ドイツ公使グッドシュミット、フランス公使アルマンが日本の遼東半島領有を不満とし、六日後の四月二十三日、日本外務省に、「遼東半島を清国に返還すべき」と勧告した。三国干渉である。

三国干渉は、軍事力を背景とした干渉だった。日本はロシア・ドイツ・フランス三国と戦う力がなかったので、仕方なく三国干渉を受け入れ、遼東半島の放棄を決定した。

しかし言論界は強い不満を示し、新聞『日本』は三宅雪嶺《せつれい》が臥薪嘗胆《がしんしょうたん》（将来のために現在の苦境を耐え忍ぶこと）を論じて発行禁止となり、徳富蘇峰《とくとみそほう》は「力が足りなければ正義に値打ちはない」と慨嘆。多くの国民は涙を呑んで、「臥薪嘗胆」を合言葉とした。

日本人は三国干渉を国辱とし、朝野をあげてロシアへの復讐心と敵愾心《てきがいしん》を昂ぶらせた。

このことが日露戦争の伏線になっていく。

しかし、実は日露戦争の導火線となる三国干渉をロシア皇帝ニコライ二世に吹き込んだのは、ドイツ皇帝ヴィルヘルム二世だった。三国干渉の首謀者はドイツなのである。四年前の大津事件では、ロシアの企図した対日微笑外交が、その真意を邪推した津田三蔵の凶行により頓挫した。事後処理において、日本がロシアに食言して帝政ロシアに恥をかかせ、日露の疎隔が誰の目にも明らかになるや、好機到来とばかりに第三の国ドイツが蠢《うごめ》き始めた。

ドイツは、日本とロシアをガチンコで戦わせて、漁夫の利を得ようとしたのである。これだから、国際政治は油断も隙もあったもんじゃない。

ドイツ外相マルシャルは、明治二十八年三月二十五日ロシア外交官に、

「黄色人種の連合は危険である。日清戦争勝利で、日本は中国に大いなる威信を示した。日本が中国に保護領を設けるなら、黄色人種が連合し、ヨーロッパの利害と敵対するだろう」

と黄禍論《こうか》を説いて三国干渉を提案。ニコライ二世の対日強硬策の背中を押したのである。

だから、日本人に恨まれて日露戦争になって敗れたロシアは、とんだトバッチリを受けたと言える。

このことについていつも私は、浜田廣介《ひろすけ》作の児童文学で小学校教科書にも採用された『泣いた赤鬼』を思い出す。このあらすじは、

「山に住んでいた赤鬼は人間と仲良くなりたいと思ったが、人間たちは赤鬼を警戒して赤鬼に近付かなかった。この話を聞いた青鬼は『ぼくが人間に大暴れをする。そこへ君が出てきて僕をこらしめる。そうすれば人間は君がやさしい鬼だということがわかるだろう』という策を作り、青鬼が村人たちを襲っているところへ赤鬼が助けに入る。作戦は成功し、赤鬼は人間と仲良くなれたが、村人に乱暴して嫌われた青鬼は居場所を失い、姿を消した」

というものである。

これを三国干渉に当てはめるなら、ロシアは日本人の憎しみをかう青鬼の立場になって日露戦争に敗れ、ドイツは日本と友好を深める赤鬼の立場になったと言える。

そしてこののち日本はドイツにそそのかされて、アメリカに大戦争を挑むこととなる。

ロシア蔵相ウイッテが三国干渉を推進

ロシアでは、一八九五年（明治二十八年）四月十一日、「極東問題に関する特別会議」でウイッテ蔵相が、

「日本の遼東半島領有に反対。日本がロシアの勧告を受け入れないなら、ロシア艦隊は日本を攻撃すべきである。ロシアが強硬に迫れば日本は同意するだろう」

と述べ、補足して、

「日清戦争の戦勝国である日本は台湾と澎湖諸島、極論すれば南朝鮮も得て良い。しかし、遼東半島を含む満州に手を触れさせてはならない」

と力説した。汽車屋《ぽっぽや》ウイッテは、

「シベリア鉄道・東清鉄道に支線網を巡らした満州全域でのロシアの通商圏確立」

に執念を燃やし、日本の遼東半島進出を強く警戒したのである。ここが、汽車屋ウイッテの浅はかなところだ。そもそもポシェット交通大臣が策定したシベリア鉄道計画の骨子とは、

「東端を日本とし、日本と友好を保ち、国際物流革命により、帝政ロシアはイギリスを凌駕して世界一の帝国になる」

ことだった。ポシェット交通大臣が想定した最大の仮想的敵国はイギリスだったのだ。しかるに三国干渉で日本の恨みを買い、日露開戦となってシベリア鉄道がダメージを受ければ、帝政ロシアは世界一の帝国どころか〝体制の危機〟に瀕する。元も子も失う、とはこのことだ。

そのうえ満州は茫漠たる荒野で治水も灌漑もなく、大豆生産などの農業開発には莫大な追加投資を必要とする。従って満州全域に鉄道支線網を敷く計画は、算盤勘定《そろばん》が合わない。ポシェット構想から大転換した汽車屋ウイッテは、思慮が足りなかったようだ。

だが、歴史の歯車はどんどん回った。

特別会議はウイッテ蔵相の意見を採択し、ロシア皇帝の承認を得て、三国干渉を決定。ロシアは、四月十七日、ドイツに対して正式に三国干渉を提議。四月二十三日の日本外務省への勧告となった訳である。

幻の日露同盟案

実に信じがたい事実なのだが、三国干渉に踏み切る前、ロシア外交当局の間で「日露軍事同盟案」が検討されていた。日本外務省が、鈍感すぎて、気付かなかっただけである。

明治二十八年四月六日、ロシア外相ロバノフはニコライ二世に対してその趣旨を、

「ロシアの最大の敵はイギリスである。日本は海軍国として、早晩、イギリスと対立するようになるだろう（予想は四六年早すぎた）。ロシアは日本を敵視して圧力をかけることを避け、日本と友好関係を保つべきである」

と奏上。「対日宥和論」を論じて三国干渉に慎重姿勢を示し、

「ロシアの宿敵イギリスに対抗するための『日露同盟』である。シベリア鉄道のルート開発と、太平洋における不凍港獲得のためロシアの同盟国は、日本でなければならない。」と説明した。これは「日本をイギリスから離間させ、シベリア鉄道の東端を日本とする国際物流革命により、ロシアはイギリスを凌駕する」という「ポシェット構想」の継続である。

また、海軍総督兼海軍元帥アレクサンドロヴィッチ大公は、四月十一日の特別会議の席上、

「ロシアは、いかなる場合も、対日敵対行動を開始すべきでない」

と言明し、三国干渉に反対した。これも「ポシェット構想」の延長線上にある。

これらの意見が採択されて日露が友好を保てば、帝政ロシアはイギリスを凌いで世界一の帝国になれたかもしれない。しかしながら、三国干渉は断行された。

それは明治二十八年四月六日、ロバノフ外相がニコライ二世に「日露軍事同盟案」と「対日強硬策」の二案を提示して裁可を求めたとき、ニコライ二世が、

「ロシアは、ロシアと地続きで厳寒期も開かれた港湾（大連湾《だいれん》のこと）を必要とする」

と、対日強硬策の採択を示唆したからである。

ニコライ二世は皇太子時代、シベリア鉄道ウスリー線の起工式参列に際して「親英色の

強い日本を親露へひっくり返す微笑外交」を自ら仕掛けたのだったが、恐露論者津田三蔵から「来日目的は軍事偵察」と邪推されて斬り付けられたことを思い起こせば、「日露同盟など絵空事」と考えるようになったかもしれない。

そして三国干渉の三日後、ドイツ皇帝ヴィルヘルム二世は、「ヨーロッパの利益のため三国干渉を主導したニコライ二世に感謝する。日本・中国の黄色人種の攻撃からヨーロッパを守ることがロシアの偉大な任務である」と、ロシア皇帝ニコライ二世本人に四月二十六日付書簡で伝え、黄禍論に乗ったニコライ二世を賛美した。

ロシア海軍の旅順進出

三国干渉の翌明治二十九年（一八九六年）、ロシアは清国からチタ〜ウラジオストクを結ぶ東清《とうしん》鉄道の敷設権を得た。その後、列国は清国へ触手を伸ばした。

ドイツは、明治三十一年（一八九八年）三月六日に山東《さんとう》省の膠州《こうしゅう》湾を租借。続いてロシアが同年三月二十七日にハルビンと旅順を結ぶ南満州支線（南満州鉄道）の鉄道敷設権を得て旅順・大連を租借。イギリスは同年六月九日に九竜《きゅうりゅう》半島を、七月一日に威海衛《いかいえい》を租借。フランスは明治三十二年（一八九九年）十一月十六日に広州湾を租借した。

ロシアが旅順・大連を終点とする南満州支線の鉄道敷設権を得ると、シベリア鉄道は、「東端をウラジオストクとするポシェット構想」から「東端を旅順・大連とするウイッテ構想」へと大転換した。

その結果、ウラジオストク〜ハバロフスクを結ぶウスリー鉄道（一九〇〇年完成）は無用の長物となり、投資は無意味なものとなった。もったいない。

それだけではない。

この大転換は、帝政ロシアの対日政策を「ポシェット構想が前提とした日露友好」から「日本を敵視するウイッテ構想」へ大変更したことを意味するのである。

しかしウイッテ蔵相は、このことに、全く気付いていない。他人の足を踏んでおきながら相手の痛みに気付かない鈍感さが、鉄道屋ウイッテの限界だったのだ。

実はウラジオストクを拠点とするロシア海軍の軍艦は、三国干渉で日露関係が悪化する以前、すなわち一八九五年の冬期まで日本の長崎湾で越冬する慣例を持ち、長崎対岸の稲《いな》佐《さ》村にロシア艦隊用の海軍病院・休息所・海軍墓地などを完備。ロシア海軍は日本との友好関係を保っていたのである。

ロシア海軍は、三国干渉の後も、引き続き風光明媚で人情厚い長崎湾での越冬を希望したのだが、ロシア外相ムラヴィヨフの強い意向により、やむなく長崎湾を離れ、旅順《りょじゅん》へと移った。

それでもロシア海軍の準機関紙『クロンシタット』一八九九年十月二十二日号は、「シベリア鉄道が全通し商品運輸が発達すると、日本海は通商貿易の壮大な舞台となりウラジオストクは一変して便利になるだろう」と論じ、未練がましくポシェット構想への回帰を訴えた。ポシェット構想を前提に日露友好を唱えた海軍総督兼海軍元帥アレクサンドロヴィッチ大公の意向が反映されたのかもしれない。日露開戦五年前のことである。

十字軍の再現かのような、ドイツ皇帝ヴィルヘルム二世の黄禍論

ドイツが三国干渉に便乗して膠州湾を得ると、ドイツ皇帝ヴィルヘルム二世は、「外交の場で黄禍論を唱えることが有効」と確信し、黄禍論を西洋社会に積極的に説き始めるようになる。

ドイツ皇帝ヴィルヘルム二世は、「黄禍に対する戦い」を「キリスト教の聖戦」になぞらえ、キリスト教を信仰する欧米の政治指導者に、

「異教徒たる日本人に対し、断固立ち上がらなければ、ヨーロッパ文明が蹂躙《じゅうりん》される。キリスト教国は、黄禍に対抗すべく団結すべき」

黄禍の図：「ヨーロッパ諸国民よ、諸君らの
最も神聖な宝を黄禍から守れ」と説いている。

と扇動した。十一世紀から十三世紀にイスラム社会に対し行われた十字軍の再現である。

欧米人にはこの手の煽動に乗りやすい性癖があるようで、ヴィルヘルム二世の黄禍論は十九世紀終盤に最も話題を集めた政治的プロパガンダとなった。

ドイツ皇帝ヴィルヘルム二世の本音は、ドイツがロシアとフランスの露仏同盟（一八九一年）で挟撃されぬよう、「ドイツ国境に重圧を加えていたロシア陸軍が、ドイツへ向わず、日本と戦って、日露共倒れになってほしい」との願望であった。「黄禍」を争点として日露開戦を仕掛けようとしたのである。

たしかに、ドイツ皇帝ヴィルヘルム二世の黄禍論は「一石五鳥の巧みな外交戦略」だった。それは、

一、三国干渉でドイツは膠州湾を得たが、日本人はロシアばかりを恨み、三国干渉を仕組んだドイツの策謀に気付かなかった。

二、三国干渉による日本人の復讐心はロシアへ向かい、その後、日露戦争を挑み、

三、ドイツ国境を脅かすロシア陸軍は遠い満州へ移動し、ドイツ陸軍は安逸をむさぼることができ、

四、日本陸軍は、日露戦争でドイツの仮想敵国ロシア陸軍に痛打を与え、

五、ロシアに勝った日本陸軍はドイツを仰ぎ、ドイツ陸軍を崇拝するようになった。

からである。

だが、やがてロシア人はドイツ皇帝ヴィルヘルム二世の策謀に気付くようになり、日本海海戦（一九〇五年五月）でバルチック艦隊が大敗するや、ロシア人の怒りの矛先は、日本に対してでなく、朝野を挙げてロシア陸軍を日本陸軍と死闘させたドイツへ向かった。

ロシア人は、こうした国際政治力学を感知する外交センスを持っているようだ。

日本人も、ドイツの策謀を見抜いたロシア人の外交感覚を、ぜひとも見習ってほしい。

日本は三国干渉（一八九五年）でロシアへの復讐心を強め、日英同盟（一九〇二年）に自信

を深めて日露戦争に踏み切ったのだが、「三国干渉」の裏には、ドイツの周到な暗躍があったわけである。「日露戦争の陰にドイツあり」と言っておきたい。

この頃、日本の小学生の間で、

「西にイギリス、北にロシア。油断するなよ、国の人。
表に結ぶ条約も、心の底は測《はか》られず。
万国公法ありとても、いざ事あらば、腕力の、
強弱、肉を争うは、覚悟の前のことなるぞ」

との唱歌が唄われていた。

イギリスやロシアを警戒した小学生も、ドイツの策謀までは見抜けなかったようだ。

黄禍論のその後

余談だが、日露戦争終結の直後、ドイツ皇帝ヴィルヘルム二世はアメリカに対しても黄禍論を説いた。

ポーツマス条約調印の翌九月六日付ニューヨーク・タイムズは、一面トップ記事で、「カイザー（ドイツ皇帝ヴィルヘルム二世のこと）語る。日本は中国を支配へ！」との大見出しを付け、小見出しは「黄禍に対抗して団結するよう列国に望む」とし、

「日本は、日露戦争勝利の余勢を駆ってアジア市場を閉ざし、アジア市場からヨーロッパとアメリカを排除し、中国を手に入れるだろう。白人国家は団結して黄禍を止める必要がある。アメリカが日本と対抗するのはよいことだ」

との、ヴィルヘルム二世の黄禍論を紹介する扇情的なインタビュー記事を掲載した。ヴィルヘルム二世は「黄禍論によって、アメリカに日本を叩かせよう」としたのである。

なおニューヨーク・タイムズは、三日前の九月三日、ハワイの日本人移民について、「ハワイでは、背が低く浅黒い日本人移民が急増し、人口的にも、経済的にも、白人をしのぐようになった。ハワイにおける日本人移民の問題は深刻で、危険が迫っている」と、センセーショナルに「黄禍」を論じていた。

こうした「黄禍プロパガンダ」が、日露戦争後の日米関係に疎隔をもたらし、日本の外交努力を無為なものとし、やがて「日本の細首を締め上げる恐るべき鉄の首輪」となっていくのである。ニューヨーク・タイムズの売らんかなの扇情主義も困ったものだ。

当時のアメリカの新聞は報道機関ではなく、扇動機関だったかもしれない。

同盟国イギリスでも、日露戦争が始まると黄禍論が蔓延。ワールズ・ワーク誌一九〇四年三月号、雑誌ヤングマン一九〇四年三月号などが日本の台頭を警戒した。とくに、レヴュー・オブ・レヴューズ一九〇四年六月号は、同盟国日本の緒戦の勝利に眉をしかめ、

「日本の勝利によって『アジア人のためのアジア！』というスローガンがアジア大陸にこだましたら、我々はインドを統治できるだろうか？」

と書いた。同盟国イギリスは、日露開戦直後から早くも日本叩きを始めていたのである。

日本人が熱望した人種差別撤廃（黄禍論の否定）は第一次大戦後のヴェルサイユ条約では認められなかった。やがて日本は国際的ボイコットに直面して西洋諸国から仲間外れにされ、国際社会に居場所を得られないと思い詰め、これを〝国際的不正義〟と感じるようになり、

「日本だけが、アジアを白人支配から解放する特別な使命を担っている。日本人はアジアの指導民族として、シンガポールなど東南・西南アジアをイギリス支配から解放すべき」

との「大東亜共栄圏という誇大妄想思想」を持つようになった。

そして日本は、この地域からイギリス軍を追い出した末、悲惨な戦禍を受けて破綻した。日本人が熱望した人種差別撤廃は、第二次世界大戦という未曾有の戦禍を経て、初めて実現した。これが冷厳で非情な歴史の真実である。

2

日露の運命を変えた義和団《ぎわだん》事変

シベリア鉄道の路線変更

前述のとおり、シベリア鉄道は交通大臣ポシェットが策定した鉄道計画で、北回りの陸の物流路の建設によってヨーロッパ〜東アジアを二〇日間で結ぶことで、四五日を要するヨーロッパ〜上海の南回り海路を支配する宿敵イギリスを凌駕するという、国運をかけた戦略プロジェクトだった。

これにフランスが賛同し、巨額の建設資金を貸し付けた。

シベリア鉄道計画は、ウラル側からの東進工事と、ウラジオストクからハバロフスクへ至る太平洋側のウスリー鉄道により、両線を連結させることとなっていた。

ウラルからの東進工事は一八九九年にスレチェンスクまで開通（バイカル湖横断は船便）し、ウスリー鉄道は一九〇〇年に終着駅のハバロフスクまで完成した。当初計画ではスレチェンスク〜ブラゴヴェヒチェンスク〜ハバロフスク間はアムール川の河川航路が想定さ

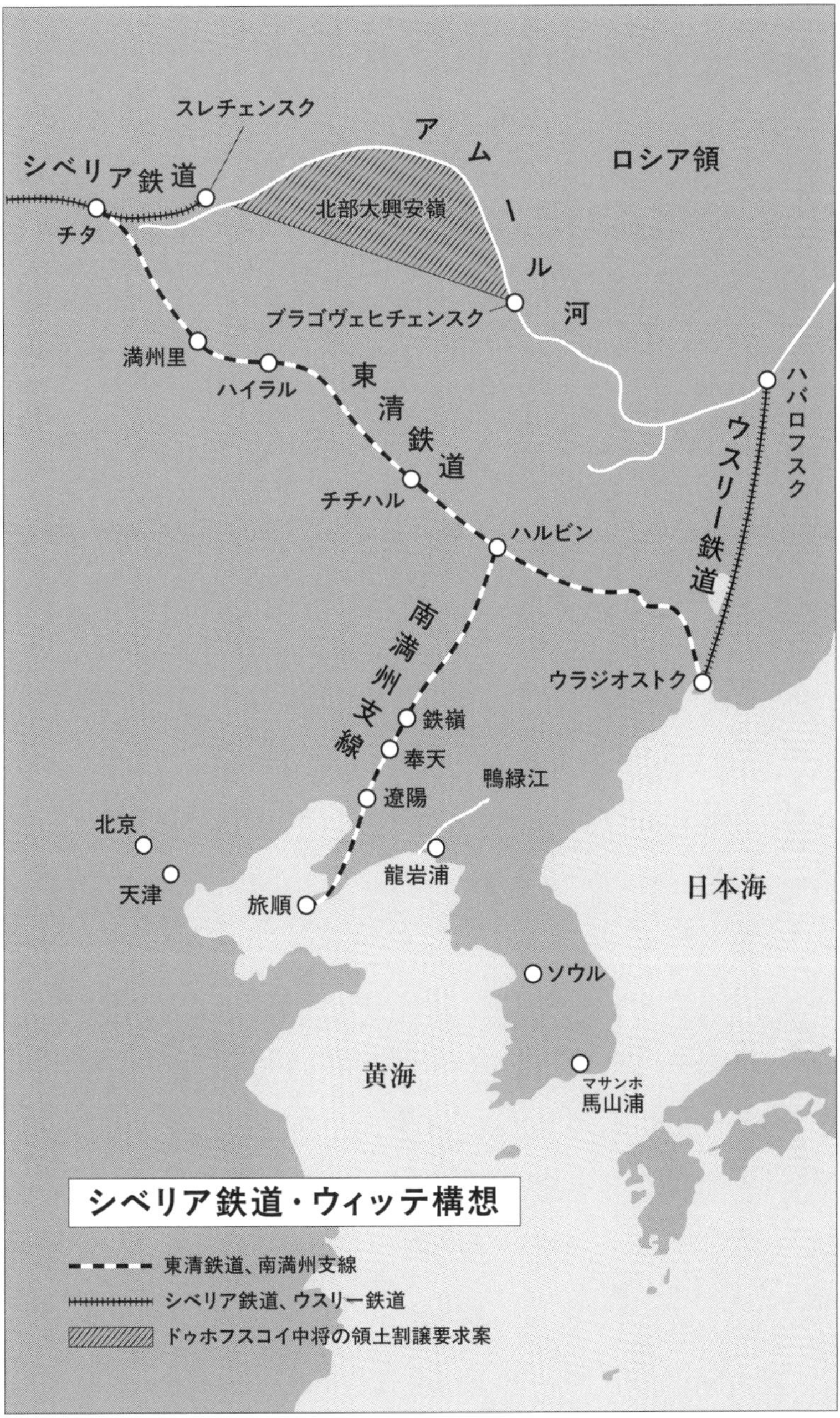

シベリア鉄道・ウィッテ構想

れていた。これならロシア領内の鉄道網であり、もちろん何の問題もない。当初計画どおりスレチェンスク〜ハバロフスク間は河川航路のまま、シベリア鉄道を運営すれば、帝政ロシアは宿敵イギリスを凌いで世界一の帝国になれたかもしれない。

しかし帝政ロシアは、日清戦争後の三国干渉（一八九五年四月）によって遼東半島を日本から清国に返還させ自信をつけると「小さな欲」をかき、九カ月後の一八九六年一月、プリアムール総督ドゥホフスコイ中将が、

「路線は、大興安嶺《だいこうあんれい》を横断してスレチェンスク〜ブラゴヴェヒチェンスクを直線で結び、距離を短縮すべきである。そのため、スレチェンスク〜ブラゴヴェヒチェンスクを結ぶ直線以北の北部大興安嶺を、清国からロシアに割譲させるべき」

との強硬意見を出すと、外務省条約局長カプニストがこれに同調したのである。

これに対し、シベリア鉄道建設に最も情熱を注いだ蔵相ウイッテは、

「領土割譲より、鉄道敷設権を得るほうが、清国の反発は少ない」

と考え、

「チタ〜チチハル〜ウラジオストクまで、清国領土の満州を横断する東清鉄道を敷設すべきである。東清鉄道に支線網を巡らし大豆・豆粕・豆油など満州の産品をウラジオストク

港へ集荷して輸出すれば、東シナ海を支配するイギリスに対抗できる。シベリアや満州が開発されれば、ロマノフ王朝に不満を持つ失業者や浮浪者の受け皿となり不満も和らぐ」と主張した。蔵相ウイッテはシベリア鉄道・東清鉄道に満州開発の夢を託したのである。

これに対しプリアムール総督ドゥホフスコイ中将や外務省条約局長カプニストは、「外国領土である満州に張り巡らす鉄道路線は、全満州の軍事的占領なしには不可能」と批判を浴びせた。

しかしウイッテは自説を強行した。この判断の誤りが、満州への義和団事変の波及そして日露戦争という大動乱の導火線となる。

ウイッテは、一八九六年五月、モスクワを訪れた清国代表李鴻章《りこうしょう》に賄賂五〇万ルーブルを贈って、前述のとおり、チタ～チチハル～ハルビン～ウラジオストク間の満州を横断する東清鉄道（満州横断短絡線）の敷設権を認めさせ、路線は一九〇一年十一月に完成する。

さらにこれに付属する支線として、ハルビンから大連にいたる南満州支線（この一部は南満州鉄道）を日露開戦一年前の一九〇三年一月に完成させるので、シベリア鉄道の到着点はウラジオストクから大連・旅順へと変わった。

義和団が北京を制圧

平和だった満州に、突如、流血が訪れる。北京で発生した義和団事変が満州に波及したからである。

十九世紀に入り衰微の度を深めた清国では、近代化を目指した第十一代皇帝光緒帝《こうしょてい》が、明治三十一年（一八九八年）九月、改革に抵抗する伯母西太后《せいたいごう》により幽閉された。以後、西太后の下で、西太后の姪を妻とする有力皇族の端郡王《たんぐんおう》、有力貴族剛毅《ごうき》、武官董福祥《とうふくしょう》らの保守排外派が清朝の実権を握った。

実は清国では天津条約（一八五八年）・北京条約（一八六〇年）によりキリスト教布教が公認されると、熱心に布教に取り組む宣教師と、変化を嫌う中国人の軋轢が一気に高まった。こうした攘夷気分のなかで、明治三十年（一八九七年）頃から山東省を中心に、「呪文を唱え義和拳《ぎわけん》を習得すれば銃弾に当たっても死傷しない」と信仰する義和拳が流行し始めた。義和拳はキリスト教を憎み、キリスト教会を焼き、外国人宣教師や中国人キリスト教徒を襲撃したりした。

加えて近代化に伴う失業問題が絡んだ。綿織物・軽工業品など外国商品の流入や、鉄道・電信の敷設による馬車屋・カゴかき・運び屋・飛脚など、従来は生業としてきた運輸

通信業の衰退などにより一般民衆が失業や生活苦にあえぐようになると、民衆の間で排外的気運が助長され、

「西洋人を国外へ追放すれば、生活は良くなる」

との素朴な攘夷思想が沸き上がり、キリスト教排撃と結合した。そして山東省で明治三十年（一八九七年）にドイツ人宣教師が殺され、明治三十二年（一八九九年）十二月にはイギリス人牧師が殺害された。これを機に、義和拳は義和団となった。

義和団は外人宣教師殺害・キリスト教会破壊・中国人キリスト教徒殺害はもとより、外国商品を売る中国人商店や外国人に雇用された中国人を襲撃したり、さらには鉄道・駅・電信線・教会付属病院など近代的施設を破壊するようになる。明治三十三年四月頃には義和団数十万人が北京城門外へ群集するようになった。

そして明治三十三年（一九〇〇年）五月、ついに義和団事変が勃発した。義和団は五月十三日に北京の南西七〇キロの淶水県でキリスト教会を焼き、中国人キリスト教徒七十余人を殺害。西太后派の有力皇族の端郡王が義和団のこうした攘夷行動に共鳴すると、五月二十二日頃、義和団の首領は北京城内へ入り清朝宮廷と誼《よしみ》を通じ「扶清滅洋《ふしんめつよう》」を唱えたのである。

暴行は一段と激烈になり、北京郊外の長辛店《ちょうしんてん》駅・豊台《ほうだい》駅・盧溝橋《ろこうきょう》駅が焼き払われ、五

月二十八日には北京駅の中国人駅員は義和団の襲撃に怯えてことごとく逃走した。

そこで北京駐在の各国公使および駐在武官は、六月六日、公使会議を開き、「万一の場合はイギリス公使マクドナルドが指揮をとり、イギリス公使館を本営とする」と申し合わせた。六月十日には電信線が切断され、北京は外部との連絡を断たれた。

そしてついに義和団三百余人が六月十三日午後五時頃、崇文門から北京城の内城へ乱入し、フランス天主教堂・外国人住宅・中国人キリスト教徒宅などを焼き、老若男女を殺戮して荒らし回った。各所で火災が発生し、黒煙が天を覆った。

六月十四日には東堂天主教会が放火され、南堂天主教会も焼失。南堂天主教会周辺の中国人キリスト教徒の家々が焼かれ、多くの中国人が殺傷された。同日午後八時頃、義和団は北京内城の正陽門前や崇文門《すうぶんもん》前の中国人キリスト教徒宅・中国人富裕家を襲って財産を略奪し、婦女子など数千人を殺戮。女や子どもたちの悲鳴が夜の闇を切り裂き、阿鼻叫喚が夜空に響いた。六月十九日には西堂天主教会が放火されて焼失し、東西南北と四つあった天主教会のうち東西南の三つの天主教会が焼失した。

難を逃れて自力で脱出した中国人キリスト教徒三千余人は頭を割られていたり、頭から顔まで血だらけで背負われていたり、顔は火傷で真っ黒になった者、血だらけの妊婦もいて、悲惨な状態で公使館区域へ逃れて来た。これら中国人キリスト教徒難民三千余人は柴《しば》五郎《ごろう》中佐と日本兵の保護下に置かれ、イギリス公使館の前面にある広大な粛親王《しゅくしんのう》屋敷に保護されたのである。

義和団圧勝の形勢になると、清国軍正規兵と義和団は親密に混交して一体化し始め、清朝宮廷内では西太后や端群王を中心に、

「義和団の力で外国人を国外へ放逐しよう」

との攘夷気分が高まり、六月十九日午後一時、清国政府は各国公使に、

「二四時間以内に立ち退《の》け」

と、無理難題を要求した。しかし北京は義和団に包囲されており、義和団の襲撃を受けながら天津までの逃避行は不可能であるし、そもそも「二四時間以内の立ち退き」では時間の余裕もない。事ここに至り、ついに北京駐在各国公使団は籠城を決意した。

一方、清朝宮廷は、六月二十一日、列国に宣戦布告した。宣戦の詔勅は、

「かりそめに生き延びて恥を万古にさらすより、戦って雌雄を決する」

という威勢のよいものである。宣戦が布告されると、清国軍が義和団に代わって前面に出て攻撃を開始し、オーストリア公使館は同日午後十一時に陥落全焼した。

西太后は、六月二十四日に義和団を正式に認知して給米二百石を給付すると、清国軍に

組み込んで剛毅の指揮下に編入し、六月二十五日には、義和団に軍資金として銀十万両を下賜《かし》した。

最大の戦場となったのは、本営となったイギリス公使館の前面に位置し、柴五郎中佐が指揮する粛親王屋敷だった。六月二十七日、清国軍と義和団は突撃ラッパを連奏して屋敷に対して一斉攻撃を開始し、董福祥指揮下の清国軍から選抜された最も驍勇《ぎょうゆう》な決死隊が北壁を破壊して粛親王屋敷へ突入してきた。七月二日には清国軍が大砲二門を乱射し、その援護のもと散兵が小銃を猛射しつつ粛親王屋敷へ侵入してきた。

清国軍は豊富な弾丸を惜しみなく撃ってくるが、こちらは弾薬が乏しい。七月十日には粛親王屋敷の約半分が占領され、守兵の死傷は著しく糧食も欠乏し、医薬品は底をついた。

七月十三日にはフランス公使館が陥落炎上、ドイツ公使館危急となり、ついに北京の公使館区域は全滅の危機に瀕したのである。

義和団鎮圧

かかるなか、北京を救援するため日本・アメリカ・フランス・イギリス・ロシア・ドイツ・オーストリア・イタリア八カ国の連合軍一万五〇〇〇人が八月四日に天津を徒歩で出発し、北京へ向けて進軍を開始した。連合軍は各所で清国軍・義和団を撃破しながら北京に入り、八月十四日の総攻撃により公使館区域を解放。五五日間にわたって籠城していた公使館員・外国人居留民八百余人と中国人キリスト教徒三千余人を救出した。

こうして北京籠城は終わりをつげた。北京解放の翌八月十五日未明、西太后は光緒帝を伴って古馬車に乗り、端郡王・董福祥らに守られながら農婦の姿で西安へ向けて逃亡した。

満州の治安崩壊

北京の混乱はようやく沈静化したが、満州は義和団事変の余波でまだ混乱していた。

北京で勃発した義和団事変が満州へ波及し、八月十五日のハバロフスクの街は大荷物を背負った中国人避難民で埋め尽くされていた。彼ら中国人避難民の話によると、

「義和団と馬賊は東清鉄道を荒らし回り、手薄なロシア軍守備隊を襲って皆殺し、鉄道を破壊し、材料を盗み、逃げ遅れたロシア人鉄道員を惨殺するなど、目も当てられない惨状である。ロシア人男性は耳を削《そ》がれ鼻を断たれて嬲《なぶ》り殺され、ロシア人女性は少女に至るまで赤裸の死体となって放置されている。清国の役人も、清国軍首脳も姿をくらまして無政府状態となり、清国軍は馬賊と合流し、ロシア人であろうと清国人であろうと相手選ばず、財をかすめ、女を姦し、騒乱は収拾不可能になっている。清国軍と馬賊がロシア人殺

害・鉄道破壊のため石頭河子《シタヘーザ》へ進撃中。ロシア軍は騒乱鎮定を機に、徹底的な満州掃蕩を決意したらしい」

という状態になっていた。北京で起きた義和団事変が満州へと波及し、義和団と馬賊が東清鉄道を破壊し、満州の平和をブチ壊したのである。

ロシアは清国に満州の駐兵権を要求

満州の治安が崩壊すると、ロシア軍は騒乱鎮定のために満州を掃蕩しようとヨーロッパから兵を送った。一個旅団をシベリア鉄道で、二個旅団を海路で旅順へ送り、総勢一七万人の大軍で明治三十三年（一九〇〇年）八月二十六日にチチハルを、九月二十一日には長春を、九月二十三日に吉林を、九月二十六日に遼陽を、そして十月一日にはついに奉天を占領した。

ロシア軍は、満州全域を完全占領したのである。

北京では、列国の公使団はロシアの抜け駆けを許さないため、各国公使会議の場でロシア外交にタガをはめようとした。しかしロシアは、清国に対して秘密裏に、

「端郡王ら義和団事変責任者の処分を寛大にする代わりに、満州をロシアに寄こせ」

と独自の姿勢で迫っていた。そして十一月二十六日、ロシアの関東州長官アレクセーエフ中将は清国の奉天将軍増祺《ぞうき》との間で秘密裏に「露清密約」を締結。ロシア軍の盛京省《せいけいしょう》（省都は奉天。一九〇七年に奉天省と改称される）への駐兵権を認めさせたのである。

年が明け明治三十四年（一九〇一年）一月三日、イギリスの新聞ロンドン・タイムズがこれをスクープして、

「『満州で最も重要な盛京省をロシアの軍事占領下に置く』との露清密約が締結された。この露清密約により、満州は、事実上、ロシアの保護領になるだろう」

とセンセーショナルに報じた。

露清密約は「ロシアによる満州保護領化への第一歩」と見られた。

しかし、あくまで本条約に至るまでの暫定協定であり、批准もされていない段階だった。

ロンドン・タイムズが露清密約を報じると、ロシアは列国の介入を嫌って交渉の場をペテルブルグへ移し、「露清条約」の調印へ向けて外相ラムスドルフと清国駐露公使楊儒《やんじゅう》の間で秘密交渉を続けた。そして明治三十四年一月末頃、ラムスドルフは楊儒公使に、

「再びシベリア鉄道・東清鉄道を破壊されぬため、ロシア軍の駐兵が不可欠である。他の列国の駐兵権は、鉄道を破壊されたわけではないので、認められない」

と強調した。これはロシア外務省の本音である。

楊儒公使はラムスドルフ外相の強硬姿勢に苦しみ、本国の李鴻章と慶親王に、

「ロシアの態度は恫喝に似たり。列国の助力がなければ、清国は調印を余儀なくされよう」

と窮状を打電。二月二十八日付ロンドン・タイムズは「露清条約草案」をすっぱ抜き、「露清条約草案は、①満州における清国の主権を制限、②東清鉄道開通まで清国軍の満州駐屯と満州への武器搬入を禁止、③東清鉄道開通後の清国軍の駐屯兵力はロシアの許可を得ること、④満州の利権はロシアの許可のない列国への譲渡を禁止、⑤ロシアは北京への鉄道敷設権を得る、との内容」

と報じた。

こうなると日本はロシアの南下に強い恐怖を感じ、「国防上の大問題」と危機感を募らせた。

しかし、欧米列国はロシアの満州進出を「通商上の問題」とのみ考え、とくにイギリスは、北京から早々と撤兵し、華北をイギリスら列国に委《ゆだ》ねたロシアに警戒心を示さなかった。

ここで日本とイギリスの間に、温度差が生じることになる。

日本はイギリスに「共同してロシアへ抗議しよう」と持ちかけ、イギリス駐露公使スコットが三月四日にロシア外相ラムスドルフに抗議したが、ラムスドルフ外相が、

「ロシアを信用するもしないも列国の勝手だ！　ロシアが自国の利益を保護するのは当然だ！」

と突っぱねると、イギリス駐露公使スコットは、あっさり引き下がった。

アメリカ副大統領ルーズベルトは、このイギリスの消極的な対露抗議について、

「日本をイギリス陣営に引き付けておくために、形として抗議しただけのポーズに過ぎない」

と観測している。日本にとって、イギリスは頼りにならない。

一方、ロシアは、列国の干渉を嫌って露清条約調印を急ぎ、清国に対し、

「三月二十六日までに露清条約を調印せよ。さもなければ、ロシアは自由行動を取る」

と最後通牒を突きつけた。

清朝の光緒帝は、ロシアの高圧的姿勢について、

「清国が調印を拒否して、ロシアの不興を買うことはできない。列国の支援がなければ、

満州はロシアのものとなり、永久に清国の手には戻らないだろう」

と嘆いた。清国の屈服は時間の問題となったのである。

満州は北方異民族である清王朝にとっては出身地であり、故郷であり、聖地である。

清王朝の皇族は、毎朝、満州に向かって礼拝し、満州語のお経を唱える習慣を持っていた。

聖地満州がロシアに奪われようというのに、清国も意気地がない。

ロシア軍南下に軍事的脅威を感じる日本は、いっそう危機感を募らせ、ついに加藤高明《たかあき》外相は「日本単独での対露強硬外交」を決意した。そして駐露公使珍田捨巳《ちんだすてみ》が三月二十四日にロシアに抗議をしたが、ロシア外相ラムスドルフは、

「露清条約は一時的なもので、清国の主権や列国の権益を脅かすものではない！　また露清条約は露清の二国間問題であり、他国からの通告は受け入れられない！」

と突っぱねた。外相ラムスドルフは「強く出れば日本は引っ込む」と思ったようだ。

この回答に対し日本国内に対露強硬論が生じ、国際法の権威有賀長雄《ありがながお》博士は、

「万一、干戈に訴うの必要を生ずれば、これを辞せざるの決心を要すること、勿論なり」

と日露戦争の決意を主張。英米の各新聞は日露開戦を論じ、上海に居た戦艦「三笠《みかさ》」は、急遽帰国。日本郵船の汽船は全て止まり、太平洋航路の保険料率が引き上げられた。

すると清国は、日本の強硬姿勢に意を強くして、露清条約調印を拒否する。

そして清国政府は、清国駐日公使李盛鐸《りせいたく》を通じて、明治三十四年（一九〇一年）三月二十九日、日本政府に対し、

「日本が東方の大局を顧慮し、唇歯《しんし》の関係を念じ相助くるは、清国の最も感激する処なり」

との、深い謝意を表明したのである。

後述するが、日露戦争は三年後の明治三十七年（一九〇四年）二月に開戦となり、六月頃から陸軍の大動員が始まる。かかるなか同年七月に発表された軍歌『日本陸軍』（作詞大和田建樹《おおわだたけき》・作曲深沢登代吉《ふかざわとよきち》）は、

♪　天に代わりて不義を討つ　忠勇無双の我が兵は
　歓呼の声に送られて　今ぞ出で立つ父母の国
　勝たずば生きて還《かえ》らじと　誓う心の勇ましさ

と唄った。これはロシアの横暴を非難するとともに、逼塞《ひっそく》する清国に同情し、

「わが日本が立ち上がって、ロシアに屈服している弱くかわいそうな清国を助け、清国に代わって横暴なるロシア軍を討って撃退し、清国を救わなければならない」

という高揚した気分であり、日本人的な発想である。しかし、清国がこれを感謝するという保証はまったくない。


日本がロシアとの戦争を決意してまで清国を助けようとしたことは、日本とロシアの外交を疎隔させた。そしてロシア政府は明治三十四年（一九〇一年）四月五日付官報にて、

「重大な妨害を加えた者（日本のこと）があり、満州問題解決に役立つはずの露清条約調印に重大な障害が生じたので、満州から撤兵することは不可能になった」

と、露清条約調印断念を公表した。

この時点では、ロシアは日本との軍事衝突までは考えていなかった。だから日露の軍事衝突は避けられた。そして翌四月六日、ラムスドルフ外相は、

「日本が満州問題を重大視することの意外さに驚く」

と語った。ラムスドルフ外相は、

「日本が、戦争に訴えると思い詰めるほどロシア軍の満州進駐に強い不満を感じている」

ことに、正直言って驚いたようである。

日本の反発は、満州駐留ロシア軍に対する軍事的脅威によるものである。

しかしラムスドルフ外相の見方は違っていて、

「小国日本は、強国ロシアに戦争を挑んでまでも、『満州の利権』に関心を寄せた」

と推測したらしい。こうして日本とロシアの間の誤解と疎隔は大きくなっていく。

翌四月七日、ロシア駐日公使イズヴォルスキーは加藤高明外相に面会を求め、

「ロシアは、清国に露清条約調印を主張しない。今後も満州問題に関する協定を断念する」

と伝達し、日本の強硬姿勢に配慮した。

露清条約調印を断念すると、ロシア軍は満州にどっかりと居座った。こうしたロシアの立場について、ロシアの新聞ノーヴォエ・ヴレーミアは六月二十八日付にて、

「満州撤兵の順序を確定し、争乱の再発防止手段を取り決めるため、露清間で別約締結の交渉をするのは正当である」

との、長文の論説を掲げている。

長期化する、ロシア軍による満州占領

ロシア外務省は、満州を占領したまま撤兵のそぶりを見せないロシア軍の事情についい

て、北京解放直後の明治三十三年（一九〇〇年）八月二十五日以降、繰り返し、「ロシア軍の満州進駐は、シベリア鉄道・東清鉄道を清国暴民の破壊行為から保護するための一時的措置である。領土的野心や、利己的目論見ではない。満州の秩序回復と鉄道保護が実現すれば、ただちに撤兵する」

と言明していた。この主張は、

「清国がシベリア鉄道・東清鉄道と満州在留ロシア人とロシアの事業について保護義務を果たすことが、ロシア軍撤兵の前提条件である」

ということである。

ロシアから見れば当然の要求だ。今後、再び義和団事変のような清国人の暴動による悲惨な事態が二度と起きない保証が必要である。

実は、一七万人もの大軍を派遣しなければ満州の鉄道網を保護できないというロシア陸軍の鈍重性・非効率性は、ロシア国家威信の恥部なのである。この鈍重性・非効率性という恥部は、やがて日露開戦となって白日の下《もと》に晒《さら》されるのだが、今の段階では日本や他の列国に知られたくないロシア陸軍の弱点であり、最高軍事機密である。

だからロシアにとって、満州撤兵問題は清国との秘密交渉にならざるを得ない。

その秘密交渉が日本を不安に陥れ、日本陸軍の危機感を昂ぶらせた。

こうして日露間の誤解は、だんだん深まってゆく。

本来なら清国政府がロシア政府に、

「東清鉄道や、ロシア人鉄道員の安全を保障するから、撤兵してもらいたい」

と申し入れるべきである。

しかし清国政府には、匪賊《ひぞく》による鉄道破壊やロシア人鉄道員への襲撃を防止する治安維持の力はなかった。もともと清国総督将軍の威力は城郭の周辺までで、清国政府は「点と線」を支配しているに過ぎず、その先の荒野は満州馬賊が支配する無法地帯なのである。

清国軍にとって、人里離れた荒野を走る鉄道を守護することは、どだい不可能な話だった。

そのうえ清国は国内矛盾を抱え、庶民層に根深い不満があり、再び「第二の義和団事変」のような動乱が発生するかもしれない。とくに鉄道敷設は、満州馬賊の収入源である着的運輸通信業に壊滅的打撃を与えるため、強い反感を買っている。

このように、清国政府による鉄道保護に実効力が伴わないので、ロシアとしては東清鉄道や支線網の保全のため、撤兵どころか大量の軍隊の駐留が必要となったのである。

清国は満州の治安を維持できないのだから、

「誰が満州の治安を保持するのか」

という大問題が生じた。ロシアの主張は、

「名目上の領有者である清国が満州の治安を維持できないのだから、ロシアが一七万の大軍を送り込んで満州の治安を保持するしかない」

というもので、そう考えて実行したのだが、これもかなり横暴で変な話だ。

戦乱や動乱というものは、いつもこうした背景の中から生じるのである。

蔵相ウイッテの経済商業主義は完全に破綻し、プリアムール総督やロシア外務省筋の、

「外国領土である満州に張り巡らす鉄道路線は、全満州の軍事占領なしには不可能」

との主張が正しかったことが、実証されたわけである。

しかし東清鉄道は、既に清国領土である満州のド真ん中をブチ抜いて完成しつつあり、ロシア軍による満州占領長期化というグロテスクな形となっている。

蔵相ウイッテが夢見たように、東清鉄道が満州の文明開化に役立つのは事実だろうが、満州馬賊が支配する荒野の無法地帯を走る鉄道網の保全には、
一、満州馬賊による神出鬼没のゲリラ攻撃に応戦すべく、常に大軍を配備する。か、
二、満州馬賊とコミュニケーションを図って慰撫《いぶ》（なだめすかすこと）し、満州馬賊に鉄

道文明の恩恵を分与して、鉄道保全に協力させる。しかない。帝政ロシアは後者を選ばず、前者を選んだわけである。

日英同盟成立

ロシア軍による満州占領長期化という脅威に対処するため、最初に伊藤博文《ひろぶみ》が「日露協商論」を唱え、こののち小村寿太郎《こむらじゅたろう》の「日英同盟論」が猛追した。当初は空理空論と見られた日英同盟だったが、駐英公使林董《はやしただす》が明治三十四年（一九〇一年）四月十七日にイギリス外相ランスダウンに日英同盟を打診すると、イギリスは強い関心を示し、七月十五日に公使の林に対して日英同盟推進を表明した。

北京では、義和団事変一年後の明治三十四年（一九〇一年）九月七日に「義和団事変最終議定書」が結ばれ、

一、端郡王など義和団事変責任者の処罰。
二、賠償金四億五〇〇〇万両《テール》。
三、公使館区域に各国軍隊の駐留。
四、北京と海岸の間に各国軍隊が駐留。

などが取り決められた。各国軍隊の北京引揚日は明治三十四年（一九〇一年）九月十七日と決まり、各国軍隊は予定どおり北京から引き揚げ、義和団事変に終止符が打たれた。

駐清公使として北京議定書の取りまとめに携わった小村寿太郎は、義和団事変最終議定書調印から十四日後の九月二十一日、晴れて外相に就任し、十月八日に林董公使に日英同盟交渉の権限を与えた。そこで林董公使が十月十六日にイギリス外相ランスダウンと会談すると、イギリスは十一月六日に最初の日英同盟草案を手交した。

イギリスは日露協商の成立を嫌い、超スピードで対応したのである。

日英同盟を推進した小村寿太郎外相は、日英同盟の趣旨を、

「ロシアの度重なる不誠実な行動に不信感を抱く。ロシアは、満州を占領したのち、次に韓国を侵略するだろう。日露協商は一時的な妥協に過ぎない」

と述べている。

一方、伊藤博文は日露協商を推進する立場から九月十八日に横浜を出帆し、ニューヨーク・パリ経由のルートでロシアへ向かっていた。

パリに到着した伊藤博文は、十一月十三日、桂《かつら》太郎《たろう》首相からの電報で日英同盟の急進展を知り、その急進展ぶりに驚きながらもロシアへ急行。十二月二日にロシア外相ラムスドルフと会談すると、ラムスドルフ外相は伊藤博文の申し出をおおむねの線で了承した。

日露協商は成立するかに見えたが、ロシアの対応は遅過ぎ、しかも回答内容にも曖昧さを残していた。短気・淡白で性急な日本人にとって、遅すぎて曖昧な回答はないも同然である。

日本は十二月七日の元老会議で日英同盟を選択。年が明けた明治三十五年（一九〇二年）一月三十日、日英同盟が調印された。その内容は、

一、日露が戦争になっても、イギリスは日本を軍事支援する義務を負わない。

二、第三国（フランスのこと）がロシアに加勢して参戦したときのみ、イギリスは日本を軍事支援する義務を負う。

というものである。結局のところ、

「帝政ロシアが宿敵イギリスを凌駕して世界一の帝国になるため、日露友好を確立して、シベリア鉄道の東端を日本とする国際物流革命を企図したポシェット構想」

について、日本外務省はまったくそうした大局を認識せず、ロシア外交当局は小欲をかいて大欲を忘れ、イギリスだけが事態を正確に理解して警戒した。

つまるところ頭の良い国が世界を支配する、ということなのか？

3

起きないはずだった日露戦争

ロシア軍の満州撤兵不履行

前述のとおり、明治三十三年（一九〇〇年）五月に義和団事変が発生し、同年十月にロシア陸軍は全満州を占領したが、その後、撤兵しないので、日本は、

「ロシア軍の満州占領は永続化し、ロシア軍はさらに南下した後に韓国へ軍事侵攻して征服し、韓国を兵站として日本に攻め込むのではないか」

との疑心暗鬼に陥り、強い脅威を抱いた。

この構図は、日本にとって「元寇《げんこう》の再来」という最悪の事態である。

わが日本の開闢《かいびゃく》以来の最大の危機は東ヨーロッパ、インド北部、中国、朝鮮までを支配したモンゴル帝国が一二七四年（文永十一年）に日本を襲った元寇だった。

これはモンゴル人の司令官忻都《きんと》が、高麗《こうらい》人の副司令官洪茶丘《こうさきゅう》を従え、モンゴル人指揮官

から督戦を受けた朝鮮将兵が先鋒に立ち、モンゴル風軍服を着て毒矢・手投げ弾等最新鋭武器をもってモンゴル式集団戦法により北九州へ攻め寄せたのである。

このとき昼間の戦闘で苦戦した日本将兵は盛んに「夜間斬り込み」を仕掛けたため、モンゴル将兵・朝鮮将兵らは夜の安眠を得るため船へ戻ったところ、暴風雨に遭って全滅した。

「元寇の恐怖」は、モンゴル式最新鋭武器とモンゴル式集団戦法に苦戦した日本将兵の間に、理屈を越えた「恐怖のＤＮＡ」として刷り込まれ、語り継がれることとなった。

つい先頃まで九州の山村などで悪童が悪戯をしたり、童子が泣き止まなかったとき、古老が「もくり、こくり、が来るぞ！」と叱ると、どんな悪童も悪戯を止め、童子も泣き止んだという。また元寇の恐怖は子守唄にも織り込まれ「泣けばモッコ来るよ。泣かねで寝んねしな」と全国各地で唄われた。これほど恐れられた「もくり、こくり」とか「モッコ」とは蒙古兵・高麗兵のことであり、元寇のことなのである。

明治三十三年（一九〇〇年）頃以降、日本が最も恐れたのはこの事態である。朝鮮半島が帝政ロシアの支配下に入り、日本の安全が帝政ロシアによって脅かされることである。

もし日本侵攻を決意した帝政ロシアが、朝鮮将兵にロシア式軍事教練を施し、ロシアの最新鋭武器を与え、先鋒が朝鮮将兵、本陣がロシア軍となって日本へ攻め寄せて来るとしたら、日本は本陣のロシア軍と戦う前に、先鋒の朝鮮将兵に行く手を阻まれ、相当の困難に直面する。日本必敗の形勢である。

この構図は「元寇の再来」であり、そして同時に昭和二十五年（一九五〇年）に勃発する「朝鮮戦争の形」なのである。

一二七四年（文永十一年）頃のモンゴル帝国と明治三十三年頃の帝政ロシアが同じなのか違うのかは分からない。しかし当時の日本指導部にとって、帝政ロシアの膨張はモンゴル帝国の元寇を想起させたのである。

年が明けた明治三十四年（一九〇一年）一月十七日、加藤高明外相は疑心暗鬼を胸に秘め、ロシア公使イズヴォルスキーに、

「何より、ロシア軍の満州撤兵が先決である」

と述べた。これに対してイズヴォルスキー公使は憮然としながら、

「満州撤兵問題は露清両国の二国間問題で、日本が口を挟む筋合いではない」

と反発した。確かに理屈のうえでは、そのとおりである。しかし外交は、理屈だけの問題ではない。満州駐留ロシア陸軍を恐れる日本は、強国ロシアに弱音を吐けば足許を見ら

れるので、虚勢を張って強く出ている。

イズヴォルスキー公使は何も答えなかった。答えようもなかったであろう。

彼は、満州問題について、なんら外交権限を持っていなかったからである。

ここが日露交渉の解決し得ない迷路となり、やがて日露外交は破綻する。

ロシアは加藤高明外相の主張を不服とした。ロシアが、

「満州撤兵問題は露清の二国間問題である」

と考えるのは、理屈上は、正しいからである。本当のところわが日本は、

「ロシアはやがて韓国に軍事侵攻し、韓国占領後、韓国を兵站として日本に攻め込むのだろう」

と、元寇の再来の構図に怯え続けている。だからといって日本としては、

「わが日本国は怖いのです。貴国ロシアの満州駐留軍に、怯えているのであります」

との本音は、口が裂けても言えない。

結局、日露間の誤解は最後まで解けず、日露交渉はやがて暗礁に乗り上げてしまうのだ。

義和団事変後に満州に居座ったロシア軍が撤兵すれば、日本の不安は解消するのだが、
満州駐留ロシア軍の撤兵問題は、その後、どうなったのか？

義和団事変の最終処理を定めた義和団事変最終議定書が明治三十四年（一九〇一年）九月

に調印され、各国軍隊が北京から引き揚げると、同年十月五日からロシア駐清公使レッサーと清国の間で「ロシア軍の満州撤兵問題」に関する秘密交渉が開始された。年が明けて明治三十五年（一九〇二年）一月三十日に日英同盟が締結されると、ロシアは清国への圧力を弱めたので、露清の妥協が成立。明治三十五年（一九〇二年）四月八日、露清条約が調印された。その内容は、満州駐留ロシア軍は、

一、明治三十五年（一九〇二年）十月八日までに、盛京省西南部から撤兵。
二、明治三十六年（一九〇三年）四月八日までに、盛京省の残部および吉林省から撤兵。
三、明治三十六年（一九〇三年）十月八日までに、黒龍江省《こくりゅうこう》から撤兵。

というものである。ロシア軍撤兵とは誠に結構なことだ。

満州は、日本の対ロシア強硬外交と日英同盟によって、清国へ戻ることとなった。

清国の慶親王はロシア軍撤兵を深く喜び、四月十五日に清国駐在公使内田康哉《こうさい》を訪れ、「終始、協助の力に頼り、効を奏するに至るは、深く感謝するところなり」

と日本政府の支援に厚く礼を申し述べた。

第一期撤兵は、明治三十五年（一九〇二年）十月八日、約束どおり実施された。

第二期撤兵は、明治三十六年（一九〇三年）四月八日までに、盛京省残部と吉林省から撤兵するはずだった。

しかし、第二期以降の撤兵は、実行されなかったのである。

当時ロシアでは、満州撤兵問題について、さまざまな意見が出ていた。

第二期撤兵予定時期の明治三十六年（一九〇三年）四月頃、ロシアでは東清鉄道の保全問題に関心が集中していた。この頃、

「清国人が満州へ大挙して移住してくる」

との噂が流れ、

「義和団事変の再発で、東清鉄道が再び破壊されるのではないか」

と危惧されたからである。

東清鉄道はロシアがフランスから大借金して建設した鉄道である。鉄道施設が破壊されれば、運行収益による借金返済が不可能となり、借金国ロシアは破産してしまう。

それなのに、清国は東清鉄道保全の約束に応じない。否《いな》、応ずる力がないのだ。

先述のとおり、清国総督将軍の威力は城郭の周辺までで、荒野を走る鉄道を保全する力はなかった。ロシア人のなかには、

「ロシア軍が撤兵したら清国軍が満州残留ロシア人を襲い、ロシア人の資産が略奪される」

と清国への不信を強調する者も多かった。また、

「ロシア軍の撤兵後、イギリスや日本に南満州支線を奪われる」

と、猜疑心の強いロシアの心情を反映した意見も根強かった。


これに対し、ラムスドルフ外相・ウイッテ蔵相・クロパトキン陸相は満州撤兵論を唱えた。とくにラムスドルフ外相は、第二期撤兵期日の四月八日に行われた閣議の席上、

「条約は履行されなければならない。露清条約どおり、第二期撤兵を実施すべき」

と力説した。ウイッテ蔵相も、極東政策の主導者として、

「既に獲得した利権を完成するのが先決である。満州撤兵を実施し、日本との協調を実現すべき」

とラムスドルフ外相に同調した。クロパトキン陸相も、

「ドイツ陸軍・オーストリア陸軍と対峙する西部国境が重要であり、満州に大兵力を割《さ》くことには反対。満州におけるロシア勢力圏は北満州だけでよい。南満州は放棄しても問題ない」

との立場から、満州撤兵論を支持した。

もし、ラムスドルフ外相・ウイッテ蔵相・クロパトキン陸相の意見が採択され、満州の

ロシア軍が撤兵していたなら、日露戦争は避けられたはずである。

ところが、そうはならなかった。この閣議の席上、強硬派の内相プレーヴェが、

「ロシアは外交でなく、銃剣によって成立している。満州問題は銃剣により解決すべき！」

と反駁したため、論議は紛糾。ロシア軍の第二期撤兵は無期延期となったのである。

その後、四月十八日、ニコライ二世が臨席した御前会議の席上、ラムスドルフ外相は、再び、

「満州撤兵中止は、日本との戦争を招く」

と満州撤兵論を唱え、ウイッテ蔵相・クロパトキン陸相もこれに同調したが、却下された。ニコライ二世が、国務顧問ベゾブラゾフの対日強硬論を採用したからである。

ロシア陸軍の韓国進出

ロシア陸軍の満州撤兵が一向に進まないなか、ロシア陸軍は韓国国境へ、さらに兵を進めた。龍岩浦《りゅうがんほ》事件である。

第二次撤兵期限の翌月の明治三十六年（一九〇三年）五月六日、ロシア陸軍マトリトフ中佐が指揮するロシア兵六〇人が、清国人人夫を率いて、鴨緑江《おうりょくこう》河口にある韓国領内の龍

岩浦で土地を買収し、「森林開発事業のため」と称して家屋建築など大規模工事に着手したことが判明した。

実は朝鮮国王高宗《こうそう》が明治二十九年（一八九六年）にロシア商人ブリーネルに鴨緑江流域の森林伐採権を与えたので、ロシア皇帝ニコライ二世に取り入った元近衛騎兵大尉で国務顧問のベゾブラゾフがこの森林伐採権に目を付け、宮廷内で「事業が有望」と宣伝して、ニコライ二世も出資した。満州のロシア軍人たちは積極的に参加し、軍服を脱いで森林会社に勤務した。

ロシア人は森林事業が大好きなのだ。だから、ニコライ皇帝陛下も森林事業に出資した。どの国民が何を好んでも趣味嗜好の問題で周囲がとやかく言う筋合いではないが、日本人は森林事業を高付加価値事業とは思わない。

だから日本人は、ロシア陸軍の龍岩浦への進出目的は「森林開発事業とは偽計」であり、本心は「韓国への軍事侵攻の前兆だろう」と、一方的に軍事的危機感を募らせたのである。

さらに五月十五日、「ロシア陸軍は龍岩浦の後背地である鳳凰《ほうおう》城に進駐を済ませ、鴨緑江流域の満州・韓国の国境の要所に兵隊を配置している」ことが判明した。

ロシア陸軍の龍岩浦進出目的について、韓国駐在公使・林権助《はやしごんすけ》は「日本軍を鴨緑江で食い止めるための防衛線」と推測。外務省きっての憂国派である外務省政務局長・山座円次郎《やまざえんじろう》は「対日戦争のための橋頭堡づくり」と判断。日本陸軍は、

「ロシア軍の朝鮮半島侵攻の前兆である。ロシア軍は、朝鮮半島を占領した後、朝鮮半島を兵站として、日本に侵攻するだろう」

との危機感を昂ぶらせたのである。

日本陸軍の危機感

ロシア陸軍マトリトフ中佐の龍岩浦進出は、日本陸軍を強く刺激した。

龍岩浦事件の第一報が入って三日後の明治三十六年（一九〇三年）五月九日、陸軍参謀本部次長田村怡与造《いよぞう》少将は参謀本部総務部長井口省吾《しょうご》少将を呼び、

「目下の情況、捨て置き難きにより、各部長を会し、至急、準備すべき事項を調査せよ」

と命じた。井口少将は、早速、第一部長松川敏胤《としたね》大佐と協同して意見書を作成し、

「ロシアは満州占領を企てんとする所以《ゆえん》にて、今後、韓国をロシア勢力下に置かれれば、日本の国防また安全ならざるべし」

として、大山巖《いわお》参謀総長に回付した。

五月二十九日、陸軍から井口省吾総務部長・松川敏胤第一部長、海軍から富岡定恭《さだやす》軍令部第一局長、外務省から山座円次郎政務局長が出席した陸海軍・外務省の合同会議で、「戦闘を賭して、ロシアの横暴を抑制せざれば、我が国の前途に憂うべきものあり」と、「戦争に訴えてでもロシアの南下を阻止すべき」との意思統一が図られた。

主戦論の中心は、参謀本部総務部長井口省吾少将や第一部長松川敏胤大佐らだった。井口省吾少将らは、ロシアが朝鮮半島を占領して兵站とし日本へ攻め込む計画なら、「日本は先手を打って朝鮮半島を占領し、朝鮮半島を兵站として満州のロシア軍に血戦を挑み、ロシア軍を満州から追い出す以外に、日本の独立を保持する策はない」と考えたのである。日露開戦八カ月前のことである。

イギリス陸軍デュカット中佐報告書

軍事的緊張が高まるなか、明治三十六年（一九〇三年）六月三日、イギリスから悪い情報が寄せられた。イギリス公使館付武官デュカット中佐が作成した報告書を、清国駐在公使内田康哉が日本外務省へ送付してきたのである。同報告書はデュカット中佐が奉天・遼《りょう》陽《よう》・営口《えいこう》などを視察した見聞と情報をまとめたもので、その内容は、

一、ロシアは満州永久占領のあらゆる手段を取り、軍事対立の相手は日本と考えている。

二、ロシアは物資の貯蔵と配兵を急いでいる。これは日本に交戦を強要する意図である。
三、ロシアは石炭二五万トンを発注した。これは戦時発注である。
としたうえで、

「ロシアは、ロシア軍の移動が容易で日本軍の上陸が困難な時期、すなわち今から六〜七カ月後の本年末か来年（明治三十七年）の初冬に、対日開戦を企図していると確信する」と言うのである。これは、まったくのガセネタ（デタラメな報告のこと）である。

はっきり言っておくが、この時期、ロシアは対日戦争などまったく考えていない。

イギリス人は、おっかなびっくり国際社会に船出したウブな日本人を、いつもこうして脅かして不安感・危機感を昂ぶらせ、戦争に駆り立てるのだ。デュカット中佐報告書が外務省きっての憂国派である山座円次郎政務局長の憂心を刺激したことは言うまでもない。

そして結局、日本はデュカット中佐の暗示に導かれるように、八カ月後の明治三十七年（一九〇四年）二月に、ロシアに対して開戦してしまうのである。

日露戦争の裏には、日本を戦争に駆り立てて利用したイギリスの策動もあったのである。

日本陸軍主戦派の台頭

明治三十六年（一九〇三年）六月八日、大山巌参謀総長と田村怡与造参謀次長を招いた陸

軍参謀本部の部長会議の席上、井口省吾少将は長文の意見書をもって、

「ロシアに対し強硬な外交交渉を行い、日本の要求に従わないなら、一大決戦を試みる」

とロシアへの開戦を主張した。井口省吾少将が展開した論旨は、

「朝鮮半島がロシアの勢力圏に帰すと日本は制海権を奪われ、対馬・北海道がロシアに占領される。日本の独立を守るにはロシアを満州から追い出す必要がある。開戦時期はシベリア鉄道・東清鉄道が単線で、ロシア東洋艦隊が拡張途中の今が、最後のチャンス」

というものである。

ハルビンと旅順を結ぶ南満州支線が、単線ながら営業開始するのは翌月の七月である。

「単線の鉄道なら、極東に送り込まれる兵員数に限りがある」

と判断された。

「いま開戦しなければ手遅れとなり、最早、ロシアと戦うことはできなくなる」

との焦燥感が主戦論を激しくさせ、他の部長たちも井口省吾少将と同意見だった。

各部長の意見開陳が終わると、田村怡与造参謀次長は黙して語らず。大山巌参謀総長は、

「オロシャ（ロシアのこと）な、大国でごわんど！」

と一言。「日露戦争は不利」と示して、さっさと退席した。残された井口省吾少将が、

「（大山巌参謀）総長は、我々を、子ども扱いするというのかッ！」

と憤慨すると、第四部長大島健一大佐は、

「(大山巖参謀)総長は、何か、心に期すものあるやも知れず。まあまあ」

と井口省吾少将をなだめた、という。

満州駐留ロシア軍の第二期撤兵は中止となり、さらに五月六日にロシア兵が韓国領内の龍岩浦へ進出し、日本陸軍の危機感を昂ぶらせたのは、既に見たとおりである。

かつての大津事件は青木周蔵外相の食言で幕引きとなり、今般のロシア軍第二期撤兵問題はラムスドルフ外相の食言で幕引きとなった。

日露両国は、ここに来て「相互不信」という外交不全に陥ったのである。

クロパトキン陸相来日

日露外交が混迷を深めるなか、ロシア陸軍の総帥クロパトキン陸相は対日和平を模索した。ニコライ二世が対日強硬派の国務顧問ベゾブラゾフを重用し始めると、クロパトキン陸相は自分の目で満州と日本を見るため、明治三十六年(一九〇三年)四月二十八日、特別列車でペテルブルクを出発。五月二十五日にウラジオストクへ到着し、六月八日に巡洋艦で日本へ向かった。先ほど見たとおり、この六月八日は、日本では陸軍参謀本部の部長会議に大山巌参謀総長・田村怡与造参謀次長を招き、井口省吾少将が日露開戦を主張した日である。

下関《しものせき》へ入港したクロパトキン陸相は、六月十二日、列車で新橋《しんばし》駅に到着。桂太郎首相に、

「自分は南満州支線の敷設に反対だった。シベリア鉄道の経費は一三億ルーブルに達し、利子の支払いに苦労している。日露交渉ではシベリア鉄道・東清鉄道を特別扱いしてほしい」

と、率直にロシア政府と自分の立場を述べた。これに対し桂太郎首相は、

「鉄道敷設に反対と言いながら鉄道を敷設し、鉄道の是認を要求するのは利己主義」

と反論し、クロパトキンの言行不一致をなじった。

クロパトキン陸相は、六月十四日の小村寿太郎外相との会見でも、シベリア鉄道・東清鉄道への特別配慮を求めるとともに「満州撤兵については慎思熟慮中」と語ったが、小村寿太郎外相から「ロシア軍の満州永久占領は韓国への侵迫となるので反対」と反撃された。

クロパトキン陸相はこれらの会談を通じて、日本側の厳しい姿勢を感じたようである。

クロパトキン陸相は、この間、近衛師団・東京第一師団・砲兵三個連隊の戦術訓練を視察し、陸軍士官学校・砲兵工廠《こうしょう》などを見学。六月十六日、新橋駅を発って列車で京都へ向かい、神戸・長崎を見物した後、六月二十八日に日本を去り旅順へ向かった。そして日本を去る日の日記に、

「ロシアにとって、兵力・資金を集中すべき最優先地域は、
第一に、ドイツと国境を接する西部戦線であり、
第二に、国内治安であり、
第三に、コーカサス・トルキスタンであり、
第四に、沿海州・黒竜江であり、
第五に、満州であり、
第六が、韓国である」
としたうえで、
「韓国や満州はロシアの国力によほど余力があるとき関心を向ける対象である。ベゾブラゾフの韓国進出は、最も優先度の低い地域に精力を傾注するもので、ロシアの転倒・倒壊は必然」

と記した。ロシア最高首脳の一人であるクロパトキン陸相は、さすが鋭敏な洞察力でロシア国策の本質を見抜いていたのである。

旅順に到着したクロパトキン陸相は、宮廷顧問官（五月十九日に国務顧問から昇任）ベゾブラゾフ、関東州長官アレキセーエフ中将、駐清公使レッサー、駐韓公使パヴロフを交え、七月二日から十一日まで旅順口会議を主催した。会議のテーマは、ニコライ二世の、

「極東における森林事業が日露開戦に至らぬようにせよ」

との意向に基づくものである。会議の席上、クロパトキン陸相は「満州駐留ロシア軍をドイツ陸軍・オーストリア陸軍と対峙する西部国境へ戻す」との持論を軸に、「鴨緑江流域におけるロシア軍の行動は『朝鮮半島占領が目的』と日本を恐れさせ、対日関係悪化の原因になっている。龍岩浦での森林事業の事業主体である東亜木材会社に関係する全将校は引き揚げ、指導者マトリトフ中佐は退役するよう」

命じ、マトリトフ中佐は退役した。さらにクロパトキン陸相は東亜木材会社の民営化のため、鳳凰城へ進駐したロシア陸軍の撤兵と、龍岩浦に集積した武器の撤収を命じた。

命令を受けた関東州長官アレキセーエフ中将は命令即時実行を約束し、

「自分はベゾブラゾフのやり方に反対。本職は誓ってベゾブラゾフを抑制します。本職は、心から、日本との和平を望むからであります！」

と神妙に申し述べた。クロパトキン陸相は、旅順口会議の結果に満足し、

「予は、日本との破裂を避け得ると確信」（『クロパトキン陸相回顧録』）

して七月十三日に旅順を離れ、帰国の途に着いた。

ロシアの対日軍事戦略

だがクロパトキン陸相の対日和平方針は、ロシア政府の正式決定とはならなかった。

クロパトキン陸相は帰国すると、明治三十六年（一九〇三年）八月六日、ニコライ二世に極東視察報告書を提出し、日露戦争が現実化しつつある危機を強調して、

「ベゾブラゾフの韓国での野心的行動を中止しなければ、日本との決裂を避け得ない」

と力説。東亜木材会社を外国へ売却するよう進言した。

一方、宮廷顧問官ベゾブラゾフも、八月十日、ニコライ二世に建白書を提出し、

「日露関係悪化の原因は、日本が日英同盟を背景に『イギリスの軍事支援を得てロシアを満州から追い出せる』と思い上がっているためだ。日本が増長するのは、ロシアが力を誇示しないからだ。関東州長官を極東総督に昇格させ、権限を与えて満州経営を促進すべき」

と主張した。

対日和平論のクロパトキン陸相と、対日強硬論のベゾブラゾフ宮廷顧問官の見解の違いは、日本軍の戦力評価の相違によるものである。

クロパトキン陸相の明治三十六年（一九〇三年）七月頃の日本陸軍に対する評価は、

「日本陸軍は強力である。開戦後しばらくロシア軍は防戦に徹するしかない。日本陸軍が

遼陽・奉天まで進出すれば南満州を守ることはできず、旅順が孤立することもあり得る」というものだった。軍事専門家クロパトキン陸相の戦略眼は実に的確だったのである。

一方、宮廷顧問官ベゾブラゾフは日本陸軍の戦力を過小評価し、

「日本が単独でロシアに開戦することはあり得ない」

との前提に立っていた。そもそも明治三十三年（一九〇〇年）時点で駐日ロシア武官は、

「日本陸軍は、ヨーロッパの最も弱い国の陸軍と対等に戦えるまで数十年から一〇〇年かかる」

と報告していた。この認識は極東ロシア軍上層部に支持されていた。

宮廷顧問官ベゾブラゾフが「イギリスの軍事支援なしに、日本が単独でロシアへ開戦するはずがない」と考えたのは、こうした軍事認識を持っていたためである。

ロシア皇帝ニコライ二世は、宮廷顧問官ベゾブラゾフの対日強硬論を採用した。

宮廷顧問官ベゾブラゾフの戦略認識はロシア陸軍多数派の見方であり、ベゾブラゾフの対日強硬論は「力の誇示」を原則とするロシア外交の伝統に沿っていたからである。

ロシア極東総督府

結局、ニコライ二世が採用したのは宮廷顧問官ベゾブラゾフの建白書のほうだった。明

治三十六年（一九〇三年）八月十二日に極東総督府が設置され、政争に敗れたクロパトキン陸相は失脚し、ロシア政界を去った。

極東総督府はロシア皇帝に直属する形でバイカル以東の黒竜江・沿海州・東清鉄道地帯など満州全域を所管し、満州における軍事・行政・外交すべてを掌握した。極東総督には関東州長官アレキセーエフ中将が大将に昇進のうえ就任した。宮廷顧問官ベゾブラゾフは、ロシア皇帝に直属して満州問題を決定する体制を作ったのである。

対日外交権は極東総督アレキセーエフ大将に委嘱され、駐日公使ローゼンは、極東総督の下に置かれた。そしてラムスドルフ外相の対日外交権は剝奪された。

この動きについて駐露公使栗野慎一郎《しんいちろう》は、ロシアに対し、

「独立国同士の外交は互いの外務省が取扱うはずなのに、対日外交を『極東総督』なる法的に曖昧な職制に委ねたのは理解に苦しむ。日本がラムスドルフ外相と交渉しようとすると『自分に権限はない』と逃げられ、アレキセーエフ極東総督と交渉しようとすると『皇帝の指示がないので回答できない』と、たらい回しされる」

と苦情を申し述べている。こうして日露間の外交パイプはますます細くなり、日本人はロシアに対する軍事的恐怖と不信を昂ぶらせた。極東総督府設置のニュースが八月十七日に日本に伝わると、ロシアが強硬論に傾斜していることを肌で感じていた日本人は、

「極東総督府はロシアの満州永久占領の表意であり、対日戦争の決意表明である」

と受け止めた。

日本海軍は全艦隊に警報を発し、常備艦隊に訓練強化を指示。津軽海峡警備のため水雷艇四隻が大湊《おおみなと》へ派遣された。

ロシアでは、八月二十九日、対日協調を模索していた蔵相ウイッテが解任された。クロパトキン陸相に続くウイッテ蔵相の失脚で、日露は一段と危険な関係に陥っていく。

反ロシア活動家〝はんべんごろう〟の呪い

日露交渉はこのあと五カ月間続けられるが、妥結をみることなく開戦に至る。

「ロシアに勝てるのは今だけ！」

との焦燥感は陸軍参謀本部だけではなかった。二カ月前の明治三十六年（一九〇三年）六月二十四日、東京帝国大学教授富井政章・戸水寛人《とみずひろんど》・寺尾亨・高橋作衛《さくえ》・中村進午《しんご》・金井延《のぶる》・小野塚喜平次の七博士が東京朝日新聞に対露開戦論を発表し、国民の間で開戦論が広がっていた。


人間は、第一印象に強く影響される。

動物行動学で、鳥類が孵化後に最初に見た「動くもの」「音を出すもの」を親と認識してついて回る習性は〝インプリンティング＝刷り込み〟としてよく知られているが、哺乳類でも誕生直後に保護された野生動物などが哺育員を親と思ってしまい、肉食動物であっても狩りをせず、哺育員が与えるミルクを当てにして、野生の環境に戻せなくなる場合などもある。一方、「第一印象は悪かったが、付き合ってみると案外いい人だった」ということもあるだろう。

ミルクを当てにしていた肉食動物に狩りを覚えさせ、自然に戻してやるためには、哺育員の相当の努力が必要となる。

先述のとおり、聡明なるロシア女帝エカテリーナ二世が寛政四年（一七九二年）に使節ラックスマンを日本に送ったが、その二一年前に反ロシア活動家ハンガリー人〝はんべんごろう〟が現地のロシア司令官を殺して脱出し、奄美大島に流れ着いた後、長崎のオランダ商館に、

「ロシア帝国が北海道を占領するため、千島列島に要塞を築いている」

とウソを伝え、これを伝え聞いた仙台藩士林子平が寛政三年（一七九一年）に『海国兵団』全十六巻を著して、

「ロシアは日本侵略の意図をもっていて北海道が蚕食される」

と警鐘を鳴らした。繰り返すが、これが「おそロシア」の始まりであった。

こののちロシア使節レザノフが来日して通商を求めたとき、まったく無責任な老中土井利厚が使節レザノフの請願を拒否したので、立腹したレザノフの指示で部下のフヴォストク中尉が文化三年（一八〇六年）から文化四年（一八〇七年）に文化露寇を行った。そして翌年の文化五年（一八〇八年）に大坂の講談師・南豊亭永助が、のちの日露戦争を想起させる近未来小説『北海異聞』全二十巻を著してロシアの脅威を強調し厳罰に処された。

幕府が倒れ明治政府に政権が移行すると、わが国の外交基本方針は幕府の全方位外交からイギリス一辺倒に転換した。そして「おそロシア」の思潮は、明治期以降の日本の指導層の頭に染みついてしまった。文明開化で登場したわが国の新聞にはイギリスがかった風味があり、自ずとイギリスを有利に導くプロパガンダとして作用してきた。たとえば、親日を目的としたロシア皇太子ニコライの来日について『国民の友』は、

「皇太子ニコライの来日目的は日本征服のための軍事偵察である」

との論陣を張り、それを信じ切って恐怖を感じた巡査津田三蔵は皇太子ニコライに切りつけてしまった（大津事件）。

このように日本の対露外交は、

「ロシアが怖い↓だからロシアとは付き合わない↓付き合わないからロシアの真意がわからない↓ロシアの真意がわからないからロシアがますます怖い↓だからロシアとは絶対に付き合わない」

という悪循環に陥っていたのである。

多くの日本人は「嫌いな人とは関わらないのが一番だ」と考えている。日本人同士ならそれでもよい。しかし国と国の関係になり、それが国境を接する隣国であり、しかも隣国が軍事大国であるとなれば、きちんと向き合って意思疎通を果たし、

「わが国としてはここまでは許容できるが、その先は許容できない」

との意思疎通を行って、断じて偶発戦争を避けなければならない。

アメリカとロシアは、ウクライナ戦争真っ最中でも、しっかりホットラインを保っていた。しかるにロシアの隣国である日本が、アメリカにこびへつらって、外務省は二〇二二年四月に駐日ロシア大使館の外交官八名を国外追放した。同年十一月にはガルージン大使も離任し、その後一年以上も大使不在の期間が続いた。強大国ロシアとのホットラインを自ら断つなど、国家主権を放棄した愚行というしかない。

日本外務省は、偶発戦争だった日露戦争の苦い教訓をまったく忘れているように見える。

私は平成二十一年（二〇〇九年）に『日露戦争と日本人（かんき出版）』を書いたとき、裏表紙の帯文に、

「いま現在でも、日露間の誤解は、未だに解消されていない」

と書いた。私は、

「付き合うにせよ、付き合わないにせよ、日露間の誤解を少しでも埋めたい」

と念願して書いたのだが、こののち一五年を経た今、日露間の誤解は埋まるどころか、一段と拡大しているようで残念である。

日光東照宮《とうしょうぐう》に〝おばけ灯篭〟というものがある。普通の灯篭は石で作られるが、〝おばけ灯篭〟は豪華な青銅製で、しかも刀傷がついている。

夜の巡回をしていたサムライが、〝おばけ灯篭〟のゆらめく灯火を幽霊か物《もの》の怪《け》と錯覚して恐怖を感じ、斬り付けた跡である。

またある大企業の実力会長が、

「座して死を待つより、撃って出て斬死《きりじに》せよ」

と言っていた。

良いか悪いかは別として、これが日本人の心情《メンタリティー》なのだ。

こういうなかにあって、大学教授など有識者の本来の使命は、「反ロシア活動家によりわが日本は『おそロシア』という誤った思潮に毒され、日露間に重大なる疎隔が生じている」

という深層を国民大衆に解説して、正しい判断を求めることであったはずだ。しかるに前述のとおり帝大七博士らは、

「おそロシアに宣戦せよ」

と唱える民衆扇動者《デマゴーグ》になっていたのである。

諸新聞は、声を大にして、「開戦は不可避！　日本政府は軟弱・無為！」と吼《ほ》え立てた。三国干渉で生じた臥薪嘗胆のスローガンは、学校や軍隊など、あらゆるルートで国民の間に流し込まれ、世論は「開戦やむなし」の一色に染まっていった。

国防の鎖鑰《さやく》

最後の日露交渉は、こうした雰囲気のなかで行われた。

日本にとって譲れない最後の一点。それが朝鮮半島問題だった。

実はわが国の国防上、朝鮮半島は極めて重要な位置を占めている。

わが国は長い海岸線を持ち、海岸の多くは海浜で上陸用適地が多い。このため本土防衛

は戦術的に極めて困難なのである。さらに日本の国土は陸地が狭隘《きょうあい》なため、機動的な部隊運用も縦深陣地の構築もできず、敵軍が本土に上陸した後の迎撃は不可能である。

従って国土防衛は、洋上で敵艦隊を撃滅するか、大陸か半島の一部を占領して兵站を置き大陸内部の広大な平原で敵野戦軍と血戦を行うほかない。日本陸軍がロシア陸軍と戦うには朝鮮半島を兵站として、満州の広域戦場で戦う以外に、戦術が成り立たない。

こうした日本の地形的・地政学的弱点について参謀総長大山巌元帥は、明治三十六年（一九〇三年）六月、

「日本の形状えんえんと南北に延長せるをもって、守備を要する地点ははなはだ多く、国防に不利なり。幸いとするは、西に朝鮮海峡あり。東西の航路を扼し国防の鎖鑰《さやく》をなす。もし露国をして朝鮮を領せしめんか、あたかも日本の脇肋《きょうろく》に二、三時間の渡航を要するのみ」

と記した。朝鮮半島は日本の脇腹に突きつけられた刃、というのである。

日露交渉決裂

最後の日露交渉は、実り少ない交渉だった。

小村寿太郎外相はラムスドルフ外相との交渉を望み、明治三十六年（一九〇三年）八月三

日、「日本側草案」を駐露公使栗野慎一郎へ送り、ラムスドルフ外相は八月十二日にこれを受領した。

しかし、既に見たようにラムスドルフ外相は八月十二日に対日外交権を剥奪され、対日外交権はアレキセーエフ極東総督とローゼン駐日公使に委譲されていた。

そのアレキセーエフ極東総督は、九月二十八日、ニコライ二世宛の手紙で、「ロシアが武力で満州の権益を守ることを日本に理解させることが、平和への道」との対日強硬論を上申したのである。

こののち小村寿太郎外相はローゼン駐日公使と交渉したが、ローゼン駐日公使の上司であるアレキセーエフ極東総督が対日強硬論であるのだから、日露交渉は明治三十六年（一九〇三年）十二月十一日に暗礁に乗り上げた。

陸軍参謀本部は「開戦は不可避」との判断を固め、十二月十六日の元老・閣僚会議は「ロシアは一切の妥協をするまい」との判断を下した。こうして日露戦争は発火点にいたる。

連絡の手立てを失ったゆえの宣戦布告

外交交渉が行き詰まると、日本は戦争準備に着手した。

果たして日本はロシアに勝てるのか？

日本の最高指導部では、誰もがロシアとの戦争に自信を持てなかった。

しかし陸海軍の中堅将校や、外務省の中堅外交官は、

「戦争に訴えてでもロシアの南下を食い止めねば、日本は取り返しのつかない悔いを残す」

と憂いていた。

このように日露間の軍事的緊張が高まるなか、明治三十七年（一九〇四年）二月三日午後四時二十六分、芝罘《チーフー》（現在は煙台《えんたい》）駐在領事水野幸吉から、

「旅順のロシア艦隊は、修繕中の一隻を残して、全艦出港。行先は不明！」

との電報が入った。日本海軍は大きな衝撃を受け、

「ロシア艦隊は日本海軍への先制奇襲攻撃のため、佐世保《させぼ》へ向け出撃したのではないか？」

と危機感を強めた。ただちに陸軍参謀本部は佐世保・長崎・下関・舞鶴《まいづる》・函館の各要塞および対馬警備隊に警報を発令。海軍軍令部はロシア艦隊の奇襲攻撃に対処するため、佐世保・舞鶴・函館・大湊・東京湾口に敵艦防御用の機雷を敷設させた。

しかし真相は、ロシア旅順艦隊の出港は、秘密の夜間航海訓練だったのである。

二月四日午前五時、ロシア旅順艦隊は秘密夜間航海訓練を終えて、大連湾へ入った。日本海軍はロシア艦隊の幻影におびえただけだったわけである。

だが日本は、ロシア旅順艦隊が秘密夜間訓練を終えて大連湾へ入ったことを知らない。最後の決断を迫られたわが国は二月四日午後二時二十五分に御前会議を開催し、その冒頭、山本権兵衛《ごんべえ》海相は、

「ロシア艦隊の出動目的は不明だが、ロシア艦隊全艦出港の事態から戦機は既に熟した」

と述べ、午後四時頃、枢密院議長伊藤博文が明治天皇に開戦を上奏。御前会議は、

「このうえ時日を空疎するとき、外交・軍事とも回復し得ざる不利に陥るは疑を入れず」

としてロシアとの開戦を決定し散会した。

ロシア政府に対する日露断交の通告文は、栗野慎一郎駐露公使からラムスドルフ外相へ明治三十七年（一九〇四年）二月六日午後四時に提出された。

日露戦争は、日露間の連絡を欠いたことによって生じた「偶発戦争」だったのである。

出征

群馬県高崎《たかさき》市の近郊農家の兵士で東京第一師団・高崎第十五連隊に所属し、李官堡《りかんほ》付近の戦闘で戦死した水野八次郎の出征の模様について、遺された若妻水野福子は、

「夫八次郎は、明治二十九年の徴兵で高崎第十五連隊へ入り、明治三十二年に除隊。除隊後、親から田畑を分けてもらって分家し、私と結婚しました。夫は愛情も深く野良仕事にも熱心で、何の不満もありませんでしたが、子どもができませんでした。日露戦争が始まると、明治三十七年八月、夫は高崎第十五連隊に召集されました。出征の前の晩は、村の衆が集まって大変な壮行会でした。宴が終わって二人だけになると、夫は私に『今度の戦争は、新聞でも分かるように、大変な戦争のようだ。下手をすれば日本は滅んでしまう。露助（ロシア兵のこと）の奴が、日本へ暴れ込んで来るかもしれないいんだ。俺も生きて帰ることはできないだろう。俺が戦死と聞いても、取り乱してはならんぞ。いいか、これが二人の持って生まれた運命だ。俺は今日まで、お前に何一つ不平がなかった。ありがとうよ。ただ気の毒でならないのは子どもがいないことだ。俺が戦死したあと、お前は一人で暮らさなければならないねえ』と言って涙ぐみました。私も夫にまとわり付いて、一晩中、泣き明かしました」

と語っている。

また旅順攻略戦で瀕死の重傷を負った善通寺《ぜんつうじ》第十一師団・松山第二十二連隊の櫻井忠温《さくらいただよし》中尉は、召集に応じた兵士らの苦境について、次のように述べている。

「(補) 充員召集の命 (令) に応じて旗下に馳せ集まった予備役・後備役の軍人も皆これ忠勇義烈の塊《かたまり》。自分がいなければ妻子を養うことのできない窮夫もあったろうし、命旦夕《たんせき》に迫れる父母の看病に疲れた孝子もあったろう。皆それぞれやむを得ない公事・私事をもっていたろうが、一旦緩急あれば義勇公に奉ずるの志はこのときに発せられる。

こういう哀れな話があった。中村某という予備役の家は、ブラブラ病 (長引いて回復しない病気) の妻と三歳の小児との三人暮らしで、その日その日の細き煙も立ちかねる有様で、中村が居なければ妻子は餓死しなければならぬほどの貧乏。それにしても大事に臨んで一家のことを考えている場合ではない。夫が出発の前夜に、病める妻は無理と元気をつくり町にいってわずか二合の米と一銭の薪木を買って帰った。わずかに二合の米、これぞ夫の目出度き出陣を祝するための病妻の心ばかりの馳走であったとは、いかにも不憫ではないか。父子夫妻が一生の哀別ほど悲しきはなきに、しかも夫が身を挺して国難に赴くにあたり、妻は病み、子は飢える。ああ何たる凄惨悲壮の状景ぞ。かくて中村某は翌朝未明に妻子に最後の暇を告げ、涙ながらにも勇ましく召集部隊に駆け付けたのである。このような哀れは、たんに中村の身の上のみに限らず、全国において多くその類があったろう」

(櫻井忠温著『肉弾』)

4　革命のロシアとアメリカの日本征服計画《オレンジ》

旅順第一回総攻撃――盤龍山《ばんりゅうざん》を占領

旅順要塞は永久・半永久の堡塁・砲台がひしめき、堡塁と砲台は交通壕で連絡され、ロシア兵四万七〇〇〇人・大砲六五〇門・機関銃六二梃が配備され、三～四メートルの縦深を持つ鉄条網と地雷原が敷設された堅固な要塞だった。

そのうえ要塞の築城は巧妙で、要塞を包囲した乃木軍の幕僚たちはできる限り接近して高性能望遠鏡で観察したが、砲台も堡塁も見えず、鉄条網や散兵壕が散見されるだけで、「旅順要塞は野戦築城に毛の生えた程度」にしか見えなかった。

旅順要塞は標高が最も高く全体を見渡せる望台を東鶏冠山《とうけいかんざん》・二龍山《にりゅうざん》・松樹山《しょうじゅざん》の三大永久堡塁が守り、東鶏冠山と二龍山の間に非永久堡塁だが重要堡塁の盤龍山があった。

旅順第一回総攻撃は、明治三十七年八月二十一日午前四時から開始された。乃木軍は東鶏冠山と盤龍山を突破して望台を攻略しようとし、善通寺第十一師団が東鶏冠山に挑んだが撃退され、二十四日午後四時に総攻撃中止となった。

この第一回総攻撃で、金沢第九師団が重要堡塁である盤龍山を占領する戦果を挙げた。

旅順第二回総攻撃——ナマコ山とP堡塁を占領

乃木大将は、第一回の総攻撃失敗から六日後の八月三十日、各師団参謀長を集めて、「今後、敵堡塁へ向け攻撃路の塹壕を掘り、敵前五〇メートルに突撃陣地を築く正攻法」を採用する、と表明。さらに参謀長伊地知《いじち》幸介《こうすけ》が作戦目的について、「ロシア艦隊を砲撃するため、敵艦隊を俯瞰できる二〇三高地とナマコ山を占領したい」と述べた。旅順湾を見渡せる最も眺望の良い高地は望台であり、次いで眺望を確保できるのは二〇三高地とナマコ山である。

第二回総攻撃前哨戦は九月十九日から開始され、乃木軍はナマコ山を占領したが、二〇三高地への攻撃は撃退された。しかし乃木軍は作戦成功と判断した。ナマコ山を占領し、ナマコ山を観測点とする九月三十日からの二八センチ榴弾砲の砲撃で旅順湾内の戦艦ペレスウェートなどロシア軍艦を廃艦寸前としたからである。

第二回総攻撃は東北正面を突破する本来の作戦へ復帰し、攻撃目標は三大永久堡塁の松樹山・二龍山・東鶏冠山およびP堡塁とした。P堡塁とは、東鶏冠山と盤龍山の間にある重要堡塁である。十月二十六日以降の砲撃で松樹山、二龍山、東鶏冠山に約三一〇〇発の二八センチ榴弾砲弾を撃ち込み、第二回総攻撃は十月三十日午後一時に開始された。

東京第一師団が挑んだ松樹山の外壕は深さ七・五メートル。突撃隊員は土嚢を投げ込んで壕底へ飛び降り反対斜面を登ろうとしたが、機銃掃射を浴びて全滅。二龍山へ向かった金沢第九師団は外壕を埋めるべく土嚢を投入したが量が少なくて外壕を渡れず後退。東鶏冠山を攻撃した善通寺第十一師団は銃砲火を浴び、外壕を越えることはできなかった。

かかる困難のなか金沢第九師団がP堡塁（のちに一戸《いちのへ》堡塁と呼ばれる）を十月三十日夜十二時頃に占領し、第二回総攻撃は十月三十一日午前八時に攻撃中止となった。

旅順第三回総攻撃で二〇三高地を攻略

第三回総攻撃は十一月二十六日午後一時に開始された。

松樹山を攻撃する東京第一師団は外壕へ降りて胸墻《きょうしょう》へ迫ったが、小銃の乱射を浴びて攻撃は頓挫。二龍山を攻撃した金沢第九師団は外壕へ達するまでに銃砲撃を浴びて全滅。東鶏冠山へ突撃した善通寺第十一師団も撃退された。

東鶏冠山堡塁を地下から爆破（明治27年12月28日）

かかる悲境のなか乃木大将は、二十七日午前十時、攻撃目標を二〇三高地へ変更した。
乃木軍は二〇三高地へ二八センチ砲弾八〇〇発、一五センチ砲弾三〇〇発を撃ち込んだ後、東京第一師団と旭川第七師団が突撃して、十二月五日午後一時四十五分に二〇三高地を完全占領した。山頂に観測所を設けて二八センチ榴弾砲で砲撃し、湾内の旅順艦隊をすべて沈没させた。

望台を攻略

乃木軍は、二〇三高地を占領した後、敵堡塁を地下坑道から爆破する正攻法を進めた。
善通寺第十一師団は、十二月十八日、東鶏冠山堡塁を地下から爆破し占領。
金沢第九師団は十二月二十八日に二龍山堡塁の直下で爆薬を爆破し、占領した。
東京第一師団は十二月三十一日に松樹山堡塁を爆破し占領した。
乃木大将は肉弾突撃を厳禁したが、明治三十八年一月一日午前七時三十分、第九師団・

旅順・水師営で降伏したロシア軍将軍たちと。中段左から２人目が乃木希典将軍、その右がステッセル将軍。敗北した軍の将官に帯剣を許し、名誉を重んじたとして日本の栄誉をその後高からしめた１枚。

金沢第三十五連隊第三大隊長増田惟二少佐は静まりかえる望台を観望し、

「獲《と》れる！」

と直感して突撃。第十一師団も突撃すると同日午後三時三十分に望台に日章旗が翻った。

その一時間後、乃木軍に対し旅順要塞司令官ステッセル中将の軍使が降伏を申し出た。

乃木軍は、第一回総攻撃（明治三十七年八月二十一日〜）が始まって四カ月半後に旅順攻略を果たしたのである。

ステッセル中将は明治三十八年（一九〇五年）一月五日に水師営《すいしえい》を訪れ、庭に一本のなつめの大木がある家屋で乃木大将と会見した。通常、降伏する際に帯剣することは許されないが、乃木はステッセルに帯剣を許すなど武士道精神に則り紳士的に接した。こうした乃木の振る舞いは、旅順要塞を攻略した武功と併せて世界的に報道され賞賛された。

ステッセル中将は乃木軍砲兵が活用した二八センチ榴弾砲の威力と、旅順要塞を地下から爆破した乃木軍工兵の果敢を賞賛し、乃木希典大将の二人の子息（乃木勝典《かつすけ》中尉・乃木保典《やすすけ》少尉）の戦死に哀悼の意を伝えた後、

「東鶏冠山北堡塁の丘にあるコンドラチェンコ少将の墓を保護して頂ければ幸いである」

との要望を申し述べた。乃木希典大将が快く了承すると、ステッセル中将は、

「この戦役をもって日露紛争の終末とし、将来は末永く、盟邦・良友として行動をともにしたい」

と申し述べ、乃木希典大将も、

「予も日露友好を望む。日露両国が結合すれば、天下に敵する者なからん。」

と応《こた》えたのである。

このころ満州北方でロシア軍の動きが活発化し、満州軍総司令部は乃木軍に「すみやかな前進」を命じたため、乃木軍は一月十五日から北進することとなった。

東京第一師団・東京第一連隊の猪熊敬一郎《いのくまけいいちろう》少尉は、北進前夜のことについて、

「(一月)十九日は旅順と別れて北進することとなったので、予は、十八日夜、陣没せし諸戦友に最後の別れを告げるべく、山腹なる戦死者墓地へ急いだ。この夜、月は皎々《こうこう》と四辺を照らし、天地閴寂《げきせき》として、聞こえるものは夜風のささやく声のみである。予は第六中隊墓地なる木村軍曹の墓前にぬかづいた。木村軍曹は最古参の最も勇敢な模範的下士官だったが、選ばれて白襷隊《しろだすきたい》に加わり、名誉の戦死を遂げたのである。予は墓前に立って、『卿は予の小隊戦死者の最古参なり。予に代わりて、予の誠意を戦死の諸友に告げよ。今や、予は、諸君の霊としばし決別させざるべからず。今や、死生異なるといえども、予は、北進の後、諸君のあとを追わざるべからず。南北ところを異にするも、死は一なり。誓って国難に殉ぜん。諸君、予を待たれよ』。言い終わって悌泣《ていきゅう》(涙を流すこと)を久しうした。低徊《ていかい》去るに忍びず。回顧(周りを見わたすこと)すれば、墓地のなかには、彼方に一人、此方に一人、予と同じように低徊している黒い影がある。仰げば月は天心にかかって、寂しき下界を照らす。感慨俯仰。去らんとして去り得ざるも、過雁の一声に驚かされて、山を辞《じ》した」(猪熊敬一郎著『鉄血』)

と述べている。

北進してロシア野戦軍と戦う乃木軍の参謀陣は、旅順要塞を攻略した砲兵科・工兵科から歩兵科へ変更した。降将ステッセルが水師営で乃木大将に日本砲兵の威力と工兵の果敢を称賛したように、砲兵科・工兵科の参謀連は立派に仕事を果たしたから舞台を降りたのだ。新たな参謀長に歩兵科の小泉正保少将（小倉第十二師団第二十四旅団長）が就任した。

砲兵科の伊地知幸介は旅順要塞司令官となり、旅順の終戦処理など後始末にあたった。

旅順要塞司令官伊地知幸介が視察すると、ロシア軍傷病兵一万六八八九人のうち九〇一八人が壊血病（ビタミン不足が原因）で苦しんでいた。

「壊血病には果物やビールが効く」

と聞かされた伊地知は、日本兵が戦地で口にしたことがない梨八万八〇〇〇個、ミカン八万一〇〇〇個、リンゴ二万二〇〇〇個のほか、今でこそ大衆飲料だが当時は高級酒で日本人兵卒には高値の花だったビールをロシア兵にふんだんに与えた。伊地知のこうした給養と厚遇によりロシア軍傷病兵は病状の回復をみた。

敗戦直後、アメリカは日本人学童にアメリカでは家畜に飲ませる脱脂粉乳を与えた。しかし伊地知は日本人兵卒にとって高嶺の花だったビールや果物をロシア人捕虜にふんだんに与えたのだ。これが薩摩隼人・伊地知幸介の武士道だった。

日露戦争の軍功を評された伊地知は、陸士同期のトップを切って日露終戦一年後の明治三十九年七月に中将へ進級。明治四十年に男爵を授けられたが、病気のため明治四十四年より休職したのち大正六年に死去した。伊地知は健康であれば大将へ昇任しただろう。

ロシアでは「血の日曜日事件」が起きて革命前夜となる

旅順が開城して十七日後の明治三十八年（一九〇五年）一月二十二日、帝政ロシアの当時の首都サンクトペテルブルクで「血の日曜日事件」が起きた。ガポン神父が搾取・貧困・戦争に喘ぐ労働者ら一〇万人を率いて皇宮へ労働条件改善・日露戦争中止・憲法制定など素朴な願いを掲げて平和的な請願行進を行ったところ、軍隊が非武装のデモ隊に発砲し、一〇〇〇人とも四〇〇〇人ともいわれる多数の死傷者を出したのである。

当時のロシア民衆はロシア正教会の影響下にあり、民衆は、

「ロシア皇帝は東ローマ帝国を受け継ぐロシア正教会の守護者である」

という皇帝の権力は王権神授によるものとの皇帝崇拝の観念を持っていた。

血の日曜日事件

このため民衆は皇帝への直訴により事態が改善されると信じたのだが、軍隊の発砲で多数の死傷者が出ると皇帝崇拝の幻想は打ち砕かれ、全国各地でストライキなどの反政府活動が活発化した。

さらに明治三十八年（一九〇五年）五月に日本海海戦でバルチック艦隊が壊滅すると、同年六月十四日、ロシア黒海艦隊に属する戦艦ポチョムキンの水兵が反乱を起こし、鎮圧された。日露戦争は、九月五日にポーツマス条約が調印され、ロシアの敗北が確定した。

ロシア革命の勃発

こののちロシア皇帝ニコライ二世は、連合国の一員として第一次世界大戦に参戦しドイツと戦った。しかしたびたび敗れ、帝政ロシアの崩壊という墓穴を掘る結果となる。

帝政ロシアでは一八〇〇年代から帝政《ツァーリズム》の専制政治や貧困に対する民衆の不満から、テロやデモやストライキが頻発していたが、第一次世界大戦に参戦したことから経済の混乱が悪化して食糧不足が蔓延。国際婦人デーの一九一七年三月八日に首都ペテルブルグの女性労働者が食糧不足を不満として「パンを寄こせデモ」を行うと、デモの論点は戦争反対や帝政打倒などへ拡大、多くの労働者が参加し、やがてデモは全市に広がった。鎮圧に向かった兵士らまでも叛旗を翻して労働者側につき、各地に労働者・兵士らによるソビエト

（労働者・兵士・農民らによる評議会のこと）が結成されたのである。

ソビエトでは、当初、メンシュビキと社会革命党が多数派だった。メンシェヴィキは、公然活動のみが許されるとし、テロなど非公然的地下活動を否定する統制の緩いマルクス主義者の集団であり、

「来るべき革命は工業プロレタリアートが主体となるブルジョア革命であるべき」

との見解を取り、工業労働者の生活改善（労働組合結成・八時間労働・社会保険）を目指した啓蒙活動に力を注ぎ、ブルジョア的自由主義者とも協調した。こうしてロシア国会は、ソビエトの多数派であるメンシェヴィキと社会革命党が自由主義諸党と連立して臨時政府を設立。皇帝ニコライ二世は退位してロマノフ朝が崩壊した。

これを三月革命（ロシア暦では二月革命）という。

臨時政府では、社会革命党のケレンスキーが首班となり、

「第一次世界大戦に勝利することによって、民衆の不満を解消しよう。大攻勢を仕掛けて戦勝を得、愛国主義的熱狂により臨時政府への支持を高めよう」

との誘惑にかられて第一次世界大戦を継続し、連合国陣営から歓迎された。

しかし、レーニンが一九一七年四月三日に亡命先のスイスからロシアへ戻って、

「第一次世界大戦からの即時撤兵」を主張すると、兵士・労働者らがレーニンを支持したのでレーニンの勢力（ボリシェヴィキ）が一段と強まり、十一月七日の武装蜂起により、レーニンを議長とする人民委員会議という新政権が発足した。

十一月革命（ロシア暦では十月革命）である。

こののちレーニンは武力で議会を閉鎖して一党独裁体制を確立し、ロシア社会主義連邦ソビエト共和国（いわゆるソ連）という世界初の共産主義国家が樹立されたのである。

アメリカが「一九〇六年版オレンジ計画」を策定

危機は、日露戦争（～一九〇五年）に勝った日本にも迫り来ていた。

実は海軍次官だったセオドア・ルーズベルトが、日露開戦七年前の明治三十年（一八九七年）に十九世紀的な日本征服計画として「オレンジ計画」を策定していた。そしてアメリカは明治三十一年（一八九八年）に米西戦争を起こして勝ち、キューバを保護国とし、さらにフィリピン、プエルトリコ、グアムを領有。さらにハワイ王国を併合し、太平洋へ積極的に乗り出していた。

かかるなか日露戦争が日本の勝利で終わると、ルーズベルトは狂喜した。

アメリカが貪欲な帝国主義者として警戒したのはロシアとドイツとフランスで、このうちとくに義和団事変を機に満州を占領したロシアを強く嫌悪していたが、アメリカはロシアの強大な陸軍力を率直に認め、

「ロシアに説教することはできない」

と、一目も二目も置いて引き下がっていた。

そのロシア陸軍を、日本陸軍が打ち破ったのである。

大統領ルーズベルトは「喜びに堪《た》えない」と率直な喜びを表明し、日露講和を調停した。日露戦争がこれ以上長引き、ロシアが大敗して日本がアジアの盟主になっても困るし、逆に日本が補給面の劣弱さを露呈して敗北し、ロシアが日本列島を占領して太平洋へ進出すれば、アメリカの太平洋征覇の支障となるからである。

大統領セオドア・ルーズベルトは、日露戦争の翌年の一九〇六年（明治三十九年）にオレンジ計画を増補・改訂した。「一九〇六年版オレンジ計画」においては、

「帝政ロシアに勝った恐るべき日本を仮想敵国として作戦計画を練ることは、真剣な作業だった」

と率直に述べた。さらに日露戦争について、

「日本は日露戦争で驚くべき勇猛ぶりを発揮した。近代化された日本艦隊の行動は自在であり、日本陸軍の将兵は勇敢に戦い、経済は戦争の重圧によく耐えた。日本は極東における一大勢力になった」

と述べ、大ロシア帝国の強大な陸軍を破った日本陸軍に敬意を払った。

この現実主義《リアリズム》もまたオレンジ計画の真骨頂なのだ。

これを踏まえて「一九〇六年版オレンジ計画」は、日本を征服する戦略原則を、

「アメリカは、（ロシア陸軍を破った）勇猛な日本陸軍とアジア大陸や日本本土で戦うべきでなく、アメリカ海軍が日本海軍を海戦で破って制海権を奪うべきである。日本の頼みの綱は強力な陸軍だが、アメリカは血の代償を少なくする政治的配慮から陸上の大会戦を避け、海上から戦いを挑み、日本海軍を海戦で破って、日本陸軍を『立ち枯れ』にすべきである。アメリカの海軍力で日本の陸軍力を打ち破るのだ！」

と定めた。この戦略原則は、その後、一貫して変わることなく太平洋戦争で実践される。

日露戦争直後の日本について、大統領ルーズベルトも「一九〇六年版オレンジ計画」も、

「日本は、日露戦争後の疲弊した財政をどう立て直すか？　満州で得た利権をどう具体化するか？　に精一杯である。日本には、アメリカが領有する太平洋の島々に触手を伸ばす

余力はない」

と的確に判断していた。日露戦争で疲弊した日本はアメリカの脅威ではない、ということである。

そして「一九〇六年版オレンジ計画」は、脅威でもなく疲弊した日本を攻撃対象とした。否《いな》。むしろ、疲弊して脅威でないからこそ、攻撃対象としたのである。

ロシアのような強い国とは、何があっても、絶対に戦わない。

疲弊して弱った国、自軍より弱い軍隊とは、断固戦ってこれを制圧する。

これが「オレンジ計画」の、そしてアメリカという国の透徹した現実主義《リアリズム》なのだ。


「一九〇六年版オレンジ計画」は対日戦争を無制限経済戦争と位置付け、基本方針として、「厳しい封鎖・港や船の破壊・通商上の極端な孤立により、日本を『完全な窮乏と疲弊』に追い込む。アメリカは、日本を『打ちのめす』まで戦いを止めず、日本に『徹底的ダメージ』を与えて屈服させる。そして日本に『アメリカの意思』を押し付け、『アメリカの目的』に服従させる!」

との固い決意を述べた。その後、この基本方針は少しも揺らぐことなく、オレンジ計画の一貫した思想となって、太平洋戦争で実行に移されるのである。

世界史上、数限りなく多くの戦争が行われているが、いずれの戦争も一定の軍事目的が達成されれば勝負が決着して、戦争は終わる。しかし「一九〇六年版オレンジ計画」でアメリカが設計した対日戦争の基本理念は、

「日本人を『徹底的に抹殺する悲惨な結末』を迎えるまで、アメリカは手を緩めず、断固として戦い、日本を『無条件降伏』に追い込む」

という固い決心だった。インディアン抹殺もそうだが、弱肉強食などというレベルを超えたこの異常な執念は驚くべきことである。

「一九〇六年版オレンジ計画」は、日露戦争を精確に分析し、日本海海戦（一九〇五年五月）について、

「ロシアのバルチック艦隊は、地球半周に及ぶ大航海で疲れ果て、いよいよ海戦というとき、満を持して待っていた日本艦隊に完敗した」

との戦況判断を下した。そしてアメリカは来るべき対日戦争で、この轍を踏まぬよう、

「アメリカ国民は正義のためなら長期戦もいとわないが、艦隊決戦を急いでアメリカ海軍が一敗地にまみれれば、意気消沈するだろう。アメリカ艦隊は漸進的な攻撃方針をとり、戦艦を温存し、その間に予備艦艇と陸軍部隊が出動準備を整え、補助艦艇を改装し、アメ

リカの優れた工業生産力をフルに活用して艦隊を増強する。アメリカ海軍は太平洋の島々を確保しながら、一歩一歩、前進する」

との基本戦術を立て、太平洋戦争では、まさにそのとおり実行する。

オレンジ計画がスタートし、一九二三年（大正十二年）にほぼ完成するまで、一貫する戦略は、

「アメリカ海軍は日本周辺の諸島を占領し、日本海軍を壊滅させる。その後、完全な経済封鎖を行ない、日本を無条件降伏へ追い込む！」

ことだった。アメリカ勝利の鍵は、最初から日本の通商を完全に孤立させることだったのだ。

そこで「一九〇六年版オレンジ計画」は補給を重視する思想を導入し、基本構想として、「二年間の封鎖で日本の備蓄を枯渇させ、日本の息の根を止める完全封鎖」を行うこととした。日本の物資輸送を妨害し、中立国籍の船舶を臨検して禁制物資の有無を調べる完全封鎖である。日本の南方からの通商路破壊は、アメリカ艦隊がフィリピンにいれば、充分に可能と考えられた。さらに沖縄占領が、日本の包囲と日本の通商の完全な孤立のために計画された。

対日戦争の最終段階では、日本本土に打撃を与えて「最後のトドメ」を刺すこととし、セオドア・ルーズベルト大統領のもとで改訂された「一九〇六年版オレンジ計画」では、
一、アメリカ艦隊が、瀬戸内海に押し入って、神戸や大阪の街を砲撃する案や、
二、アメリカ艦隊が、日本海沿岸の諸港を砲撃する案。
が提案された。

そしてこののち一九一九年にイギリスの爆撃機ビッカース・ビミーが大西洋無着陸横断に成功すると、日本に最後のトドメを刺す方策として一九二〇年代初期の研究において「日本への戦略爆撃」が登場し、アメリカが一九二八年（昭和三年）に長距離爆撃機「B－2（カーチス社。航続距離一三〇〇キロ。爆弾一一〇〇kg）」を製造開始すると、「オレンジ計画一九二八年修正版」は日本に最後のトドメを刺す手段として、日本本土の生産設備・輸送機関に対する戦略的大空爆計画を盛り込んだ。

そののち科学技術が発達して原子爆弾が製造されたので、実践としての太平洋戦争では、非戦闘員を大量殺戮する目的で東京大空襲など諸都市への焼夷弾攻撃とヒロシマ・ナガサキへの原子爆弾の投下が実行されるのである。

【主な参考文献】

大航海時代の日本人奴隷　ルシオ・デ・ソウザ／岡美穂子　中央公論新社

戦国日本と大航海時代　平川新　中央公論新社

宗教で読む戦国時代　神田千里　講談社

島原の乱　神田千里　講談社

鎖国の正体　鈴木荘一　柏書房

人物叢書「松平定信」　高澤憲治　吉川弘文館

松前藩　濱口裕介・横島公司　現代書館

黒船前夜　渡辺京二　弦書房

江戸幕府の北方防衛　中村恵子　ハート出版

江戸の海外情報ネットワーク　岩下哲典　吉川弘文館

幕末日本の情報活動　岩下哲典　雄山閣

世界の歴史「中国の近代」　市古宙三　河出書房新社

大塩平八郎の乱　藪田貫　中央公論新社

人物叢書「水野忠邦」　北島正元　吉川弘文館

明治の海軍物語　中島武　経営科学出版

開国のとき―小説阿部正弘　上條俊昭　東洋経済新報社

勝ち組が消した開国の真実　鈴木荘一　かんき出版

駿河湾に沈んだディアナ号　奈木盛雄　元就出版社
大津事件　尾佐竹猛　岩波書店
日露二〇〇年　ロシア史研究会　彩流社
イエロー・ペリルの神話　飯倉章　彩流社
北京籠城・北京籠城日記　柴五郎・服部宇之吉・大山梓　平凡社
守城の人　村上兵衛　光人社
鉄血　猪熊敬一郎　雄山閣
肉弾　櫻井忠温　明元社
明治卅七八年日露戦史　陸軍参謀本部　東京偕行社
日露戦争と日本人　鈴木荘一　かんき出版
日本征服を狙ったアメリカの
　オレンジ計画と大正天皇　鈴木荘一　かんき出版
WAR PLAN ORANGE, The U.S. Strategy to Defeat Japan, 1897-1945
EDWARD S. MILLER　United States Naval Institute　（沢田博訳　新潮社による）

隣国《りんごく》ロシアとの知《し》られざる外交史《がいこうし》
“強大国”は敵か味方か？
女帝エカテリーナから始まる日露外交百年史に答えはあった

2025年2月14日　第1版第1刷発行

著　者　鈴木《すずき》 荘一《そういち》

発行人　宮下 研一
発行所　株式会社方丈社
〒101-0051
東京都千代田区神田神保町1-32　星野ビル2F
Tel.03-3518-2272 / Fax.03-3518-2273
HP https://hojosha.co.jp

印刷所　中央精版印刷株式会社

ISBN978-4-910818-23-8